内蒙古大学
经济管理学院
学术文库
·
第一辑

韩英

著

产业转型升级与经济高质量发展

INDUSTRIAL TRANSFORMATION AND UPGRADING AND HIGH-QUALITY ECONOMIC DEVELOPMENT

本书出版得到内蒙古自治区自然科学基金项目："'碳达峰'目标下内蒙古产业转型升级与稳增长的潜在冲击和协同路径研究"（2023QN07012）的资助。

经济管理出版社
ECONOMY & MANAGEMENT PUBLISHING HOUSE

图书在版编目（CIP）数据

产业转型升级与经济高质量发展 / 韩英著 . -- 北京：经济管理出版社，2025.10 -- ISBN 978-7-5243-0165-3

Ⅰ. F269.24；F124.1

中国国家版本馆 CIP 数据核字第 2025LG6745 号

组稿编辑：王光艳

责任编辑：王光艳

责任印制：张莉琼

出版发行：经济管理出版社

（北京市海淀区北蜂窝 8 号中雅大厦 A 座 11 层　100038）

网　　址：www. E-mp. com. cn

电　　话：（010）51915602

印　　刷：北京市海淀区唐家岭福利印刷厂

经　　销：新华书店

开　　本：710mm × 1000mm /16

印　　张：10.75

字　　数：201 千字

版　　次：2025 年 10 月第 1 版　　2025 年 10 月第 1 次印刷

书　　号：ISBN 978-7-5243-0165-3

定　　价：68.00 元

联系地址：北京市海淀区北蜂窝 8 号中雅大厦 11 层

电话：（010）68022974　　邮编：100038

前 言
PREFACE

面对世界百年未有之大变局的加速演进，新一轮科技革命、产业变革和大国竞争的加剧，以及我国社会主要矛盾的转变，高质量发展成为全面建设社会主义现代化国家的首要任务。本书旨在探讨产业转型升级的内涵、路径及其与高质量发展的内在联系，为广大研究者、政策制定者和实践者提供理论参考和实践指导。

基于此，本书首先从水平方向上和垂直方向上两个层面梳理探析产业转型升级的内涵与特征，基于经济高质量发展的历史、实践和理论逻辑分析，以及其与经济增长质量的联系与区别，探析经济高质量发展的内涵及特征。

其次，在产业结构高度化和合理化的分析框架下，不单从三次产业层面，更从制造业、生产性服务业、生活性服务业和公共服务业等更加细分的行业层面，基于产业的结构、效率、效益、融合四个维度，考察中国产业结构的变迁状况。进一步地，在产业结构高度化和合理化测度框架的基础上，构建了一个产业转型升级的综合测度指标——产业结构优度，以期全面、统一地测度中国经济发展过程中的产业转型升级水平。

再次，从经济高质量发展的要求和目标出发，基于发展动力新质、发展方式绿色低碳、发展成果公平共享和发展环境安全稳定四个方面构建评价指标体系，测度经济高质量发展水平。

最后，分别利用时变参数状态空间模型和分位数回归模型探究产业转型升级对经济高质量发展影响的时变特征及异质性。

综上所述，本书为促进产业转型升级、推动经济高质量发展提供了相应的政策建议。

希望本书能为广大读者提供有益的启示，为推动我国产业转型升级与经济高质量发展贡献一份力量。由于时间和水平有限，书中难免存在不足之处，敬请广大读者批评指正。

韩英

2025 年 4 月

目　录
CONTENTS

绪　论

INTRODUCTION

一、研究背景

改革开放40多年来，中国经济历经前期高速增长后，取得了举世瞩目的成绩，但自国际金融危机发生后，世界经济增长低迷，外需拉动作用下降，国际环境复杂多变，不确定因素增多，同时我国要素成本不断增加，投资红利和人口红利逐渐消减，资源环境承载力逐步增大。这些内外部环境和条件的变化导致原来依靠要素投入、外需拉动、投资拉动、规模扩张的经济发展方式难以为继，支持中国经济高速增长的要素得到了充分释放，潜在经济增长率出现下降趋势，经济结构失衡、创新驱动不足以及经济质效偏低等问题愈加凸显，由此中国经济进入转变发展方式、优化经济结构和转换增长动力的重大关口。

基于中国当前所处关口以及社会主要矛盾的转变，党中央站在新的历史方位上，在党的十九大上做出中国经济已由高速增长阶段转向高质量发展阶段这一重大判断和战略选择，以供给侧结构性改革为主线，以促进产业转型升级为重要抓手，推动经济高质量发展成为当前和今后一段时期为确定发展思路、制定经济政策以及实施宏观调控的根本要求。党的二十大再次重申“发展是党执政兴国的第一要务”，并指出高质量发展是全面建设社会主义现代化国家的首要任务。因此，测度产业转型升级的水平、经济高质量发展的水平，探究产业转型升级对经济高质量发展的影响作用，对完善产业结构理论和经济高质量发展理论，准确把握我国产业转型升级和经济高质量发展现状具有丰富而深远的理论意义和现实意义。

产业结构在一定程度上决定了经济发展的方式，相较于国外发达经济体，当前中国产业结构的现状是，经济服务化比重不高，制造业虽然具有规模优势，但质量与制造强国还存在差距，同时经济体系的现代化程度也不高。新时代由于中高端产品和服务供给不足，落后及污染产能大量存在等供给侧结构性问题是我国经济发展所亟须解决的，进而以供给侧结构性改革为主线，成为提高我国供给体系质量、推动经济高质量发展的关键所在。由此，中国虽然已经完成从农业大国向工业大国转变的伟大变革，但“大而不强”仍是我国这个“工业大国”最基本的经济国情，这也倒逼我国必须以促进产业转型升级为重要抓手来推动经济高质量发展。

影响产业结构变动的主要因素，会随经济发展模式、发展进程及科技革命而变化。改革开放 40 多年来，我国的产业结构在前期主要由地方政府、受工业品出口和投资扩张及房地产市场等因素的影响，在新时期已转变为主要受消费结构升级、互联网等技术进步、新经济发展等因素的影响。

针对新时代背景下中国经济发展的新特征、新趋势，我国的经济发展方式必须由原来的规模速度型转向质量效益型，发展动力必须由原来的要素驱动转向创新驱动，从而确保经济的可持续发展。

那么，当前我国产业转型升级的水平如何，产业转型升级对经济高质量发展的影响作用又如何，本书将针对这些问题进行深入、详细的研究，以期为经济高质量发展的政策导向及新一轮全面深化改革提供有意义的依据。

二、研究内容

针对上述问题，本书的研究内容主要包括理论研究、统计测度研究和实证研究三大部分。在理论研究部分，主要梳理探析产业转型升级与经济高质量发展的内涵、特征以及两者之间的影响机制，该部分主要采用文献分析法；在统计测度研究部分，主要利用单指标评价法和多指标综合评价法测度产业转型升级与经济高质量发展的水平；在实证研究部分，主要是运用时变参数状态空间模型、分位数回归模型及门限回归模型探析产业转型升级对经济高质量发展影响的时变特征和异质性。研究框架如图 1 所示。

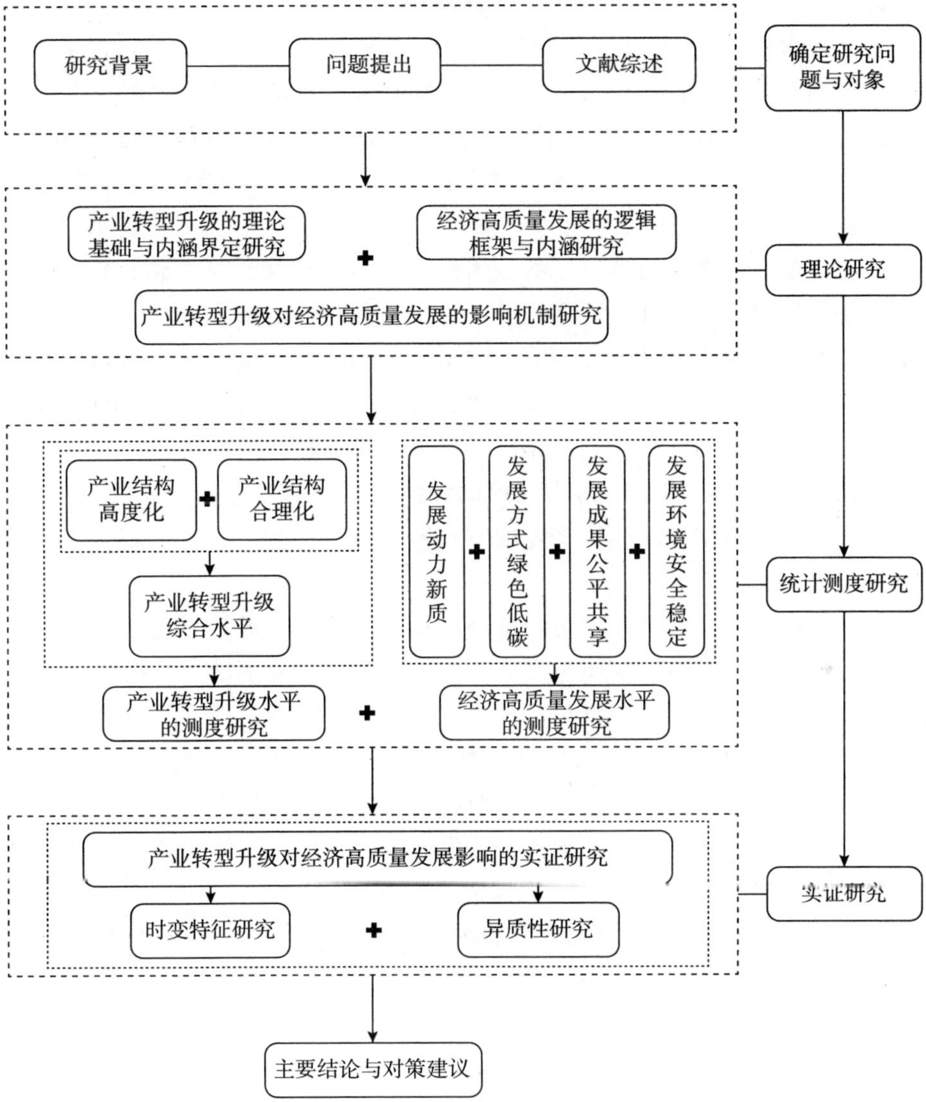

图 1　研究框架

本书的主要内容如下：

第 1 章，产业转型升级的理论基础与内涵界定研究。不同发展阶段的发展目标、理念、战略及途径不同，在经济高质量发展阶段，产业转型升级拥有了新的内涵，其更加注重产业发展的质量和效率。为了深刻、准确地把握产业转型升级的内涵与特征，本章以产业结构演变理论、产业关联理论及产业结构优化理论为基础，阐述和分析产业转型升级的内涵与外延特征。在水平方向上，产业转型升级表现为三次产业占优势地位的逐渐更替。在垂直方向上，产业转型升级更注重产业内部的转型升级以及产业间的融合、协调发展，产业转型升级表现为三次产业内部的质量提升，即表现为传统农业向现代农业、传统制造业向先进制造业、传统服务业向现代服务业的转型升级过程。

第 2 章，经济高质量发展的逻辑框架与内涵研究。本章基于经济高质量发展的历史、实践和理论逻辑分析，以及其与经济增长质量的联系与区别，探究经济高质量发展的内涵。本书认为经济高质量发展的内涵是多维的和动态的。一方面，其是发展理念、发展方式、发展目标和目的的多重统领和提升；另一方面，其既是一种发展状态，具有高科技、高效能、高质量特征，是以新质生产力为支撑的经济发展质态，也是一种发展过程，是以产业深度转型升级和经济发展方式转变为基本特征的永久持续的动态过程。

第 3 章，产业转型升级对经济高质量发展的影响机制研究。本章在梳理产业转型升级对经济高质量发展影响的相关研究的基础上，将结合传统经济增长理论、最优经济增长理论、结构主义经济增长理论及经济发展理论，系统地梳理和阐述产业转型升级对经济高质量发展的影响机制与路径。研究结果表明，产业转型升级对经济高质量发展的影响路径主要是通过主导产业综合体的变迁来推动经济发展，而且国民经济的各产业之间的关联水平越高，经济发展就越会随着主导产业的发展和转换而不断发展，即产业结构是作为外生介入手段和内生作用中介对经济发展产生重要影响的。

第 4 章，产业转型升级水平的测度研究。为了测度产业转型升级的水平，在深刻把握产业转型升级内涵的基础上，本章在产业结构高度化和合理化的分析框架下，不仅从三次产业层面，更从制造业、生产性服务业、生活性服务业和公共服务业等更加细分的行业层面，基于产业的结构、效率、效益及融合四个维度测度产业结构的高度化和合理化水平。研究结果表明：产业结构高度化水平在效率和效益层面不匹配，当前国民经济结构呈现明显的服务化特征，但第三产业和第二产业的生产效率和效益却较低；产业间融合程度较低，且呈现进一步下降趋势是产业结构合理化的基本现状，这主要是由于第一产业和第三产业的融合程度较低以及第二产业和第三产业的融合度逐渐下降。在此基础上，本书构建了一个综合测度指标——产业结构优度，以此来统一、全面地测度产业转型升级水平。研究结果表明：我国产业转型升级水平在逐步提高，但在三次产业内部差异较大，其中制造业的转型升级水平相对于生产性服务业和生活性服务业较差。

第5章，经济高质量发展水平的测度研究。经济高质量发展是一个全方位的发展，仅用单个指标无法全面、准确地衡量其发展水平。为了准确地测度经济高质量发展水平，本章在阐释其逻辑框架与内涵的基础上，基于新质生产力这一视角，从发展动力新质、发展方式绿色低碳、发展成果公平共享和发展环境安全稳定四个方面构建评价指标体系，测度分析其发展水平及发展不充分的具体成因。测度结果表明：经济高质量发展是由我国经济社会发展的历史、实践和理论逻辑共同决定的，其是发展理念、发展方式、发展目标和目的的多重统领和提升，也是以新质生产力为支撑的经济发展质态，还是以产业深度转型升级和经济发展方式转变为基本特征的永久持续的动态过程。2004~2022年，我国经济发展质量逐渐提升，尤其是在要素动力、生产方式和公共服务方面转型和提升的成效显著。但当前仍然不充分，主要成因如下：原始创新能力与“新质”产业体系发展不充分；能源利用效率提升不充分；教育资源、文化及公共交通服务不充分；经济系统的产出安全和产业安全不充分，社会系统的生活压力和极化程度较为严重。

第6章，产业转型升级对经济高质量发展影响的时变特征研究。本章构建时变参数状态空间模型分析产业转型升级对经济高质量发展影响的时变特征。研究结果表明：产业转型升级对经济高质量发展的影响作用呈现长尾的“L”形特征，这意味着产业转型升级对经济高质量发展的影响作用随着时间的推移而逐渐减弱。

第7章，产业转型升级对不同经济高质量发展水平影响的异质性研究。本章构建分位数回归模型，分析不同经济发展质量水平下产业转型升级对经济高质量发展影响的异质性。研究结果表明：产业转型升级对不同水平的经济发展质量的影响作用存在较为明显的差异，当经济发展质量处于较低水平时，产业转型升级对其的影响作用较大，但随着经济发展质量水平不断提升，产业转型升级对其的影响作用将逐渐减小。

第 8 章，主要结论与对策建议。本章梳理总结了主要研究结论，并提出了相应的对策建议。本章在上述理论研究、统计测度研究及实证研究的基础上，为促进产业转型升级、推动经济高质量发展提供了相应的对策建议。

三、研究方法

（一）文献分析法

在产业转型升级和经济高质量发展的相关理论研究中，本书主要采用文献分析法。通过研读党中央和习近平总书记关于中国经济新常态、高质量发展及新质生产力的论述，有关供给侧结构性改革和数字经济发展的系列文件，“十四五”规划、“党的二十大报告”、党的“二十届三中全会”中有关产业转型升级和经济高质量发展的一系列重要文件，以及相关的学术研究文献，理解其精髓，从中提炼和引申出具有新时代特色的产业转型升级、经济高质量发展的新内涵，并提出合理的测度维度、测度指标，构建有效的评价指标体系。

（二）单指标评价法

在测度产业转型升级水平时，本书主要采用单指标评价法。首先本书在产业结构高度化和合理化的分析框架下，从产业的结构、效率、效益和融合四个维度，分别利用产值比重、劳动生产率、附加值率及产业融合度四个统计指标，考察中国三次产业及其内部产业的变迁状况。在此基础上，还构建了一个综合测度指标，即产业结构优度，以全面、统一地测度中国经济发展过程中的产业转型升级水平。

（三）多指标综合评价法

在测度经济高质量发展水平时，本书主要采用多指标综合评价法。基于经济高质量发展的内涵与特征，本书构建了经济高质量发展水平测度指标体系，并采用熵权法来确定指标权重，计算经济高质量发展水平的综合指数及其分项指数。

（四）时变参数状态空间模型

在探究产业转型升级对经济高质量发展的影响作用时，考虑两者之间的影响关系可能会随时间的推移而变化，而状态空间模型最大的优势是可以估计不可观测的时间变量，且其在估计模型参数时，主要是通过预测误差分解来计算似然函数，一旦获得新的观测值，便能够利用卡尔曼滤波连续地修正状态向量的估计。为此，本书选择利用状态空间模型来考察产业转型升级对经济高质量发展影响的时变特征。

（五）分位数回归模型

由于分位数回归模型能够通过若干分位数如中位数、上下四分位数等全面地描述条件分布 $y|x$ 的集中趋势，从而相较于经典线性回归模型能够更全面地反映被解释变量的条件分布情况。因此，在探究产业转型升级对不同经济高质量发展水平影响的异质性时，本书采用分位数回归模型。

四、研究价值与创新

（一）在产业转型升级水平测度方面的创新与贡献

基于现有的产业转型升级水平测度的相关研究，本书的拓展与贡献如下：

第一，在产业结构高度化和合理化的分析框架下，从产业的结构、效率、效益、融合四个维度，考察中国产业结构的变迁状况。一方面，不仅从产业的结构维度，还从产业的效率和效益维度测度产业结构的高度化水平；另一方面，摒弃现有的结构偏离度和泰尔指数等指标，利用产业融合度测度产业结构的合理化水平。

第二，现有的相关研究，多数只分析了国民经济中三次产业的结构变迁情况，而缺乏对其内部细分产业的考察，但实际上三次产业内部的细分产业也存在较大差异。故本书不仅基于三次产业层面，更从制造业、生产性服务业、生活性服务业和公共服务业等更加细分的行业层面测度产业转型升级。

第三，在现有文献中，测度产业转型升级或产业结构优化，其方法多是从产业结构高度化和合理化两个方面分别构建测度指标，以反映产业发展水平。从产业结构合理化和高度化这两个方面构建测度指标，确实能从不同方面反映产业结构发展水平，但其容易造成产业结构的高度化与合理化不一致，割裂产业结构优化过程。因此，本书在产业结构高度化和合理化测度框架的基础上，构建了一个产业转型升级的综合测度指标——产业结构优度，以期全面、统一地测度中国经济发展过程中的产业转型升级水平。

（二）在经济高质量发展水平测度方面的创新与贡献

现有关于经济高质量发展水平的测度，无论是对经济增长质量，还是对高质量发展的测度，其评价指标体系大都以新发展理念为基本框架，但新发展理念是经济发展的先导，并不是其本质的内涵。此外，现有的许多评价指标体系并没有区分过程指标和结果指标，而实际上由于过程与结果之间并不是必然的因果关系，构建评价指标体系时应多用结果指标评价其发展水平。为此，本书的拓展与贡献如下：

第一，从经济高质量发展的要求和目标出发，基于发展动力新质、发展方式绿色低碳、发展成果公平共享和发展环境安全稳定四个方面构建评价指标体系，测度经济高质量发展水平，并且一方面多选用质量、效益指标，另一方面多选用结果指标，而不是过程指标，从经济发展的结果和前景层面测度经济高质量发展的水平。

第二，在发展动力新质维度下加入数字驱动这一测度指标。在测算数字经济增加值时，由于从狭义视角界定的数字经济，随着数字经济与传统产业的不断渗透、融合，将不能全面反映数字经济的发展水平，而广义的数字经济考虑了数字技术的替代性、渗透性和协同性等特性，其定义避免了核心产业或者狭义视角下的电子商务、平台经济、数字化媒体、数字基础设施等的划分和识别，从直接影响和间接影响的角度界定了数字经济的测度范围，不仅使数字经济的内涵更加全面，而且使测度范围更加标准化，不用经常调整。故本书基于广义的数字经济来测算数字经济增加值规模，将数字经济增加值分成与数字技术直接相关的特定产业部门的增加值部分，以及由于渗透性和协同性使传统产业效率提升所对应的增加值部分，前者直接利用投入产出表中的数据加总得到，后者实际上是非数字经济产业部门的数字活动增加值，其通过构建非数字产业数字活动增加值调整系数得到，最后将两部分加总得到数字经济增加值。

（三）在探究产业转型升级对经济高质量发展的影响方面的创新与贡献

无论是经济发展阶段理论还是中国的经济工作实践，都强调产业转型升级对经济发展的推动作用。当前，我国正处于转变发展方式、优化经济结构、转换增长动力的攻关期，促进产业转型升级成为推动经济高质量发展的重要途径。现有文献多用面板数据模型探讨产业转型升级对经济增长率或生产率的影响作用，而缺乏考察产业转型升级对经济发展的影响作用，以及该影响作用的时变特征和异质性。本书则分别利用时变参数状态空间模型和分位数回归模型探究了产业转型升级对经济高质量发展影响的时变特征和异质性。

第1章 产业转型升级的理论基础与内涵界定研究

产业结构是经济结构的重要支撑，新阶段，我国经济正处于转变发展方式、优化经济结构、转换发展动力的重大关口，以产业转型升级来提升供给体系质量，成为推动经济高质量发展的必然要求和途径。

在经典产业结构理论中，配第—克拉克定理、库兹涅茨法则、钱纳里工业化阶段理论及罗斯托经济发展阶段论等这些产业结构演变理论和产业发展理论主要是基于20世纪世界经济形势和发达经济体的相关历史数据，描述以西方发达国家为代表的国家的产业结构变迁规律。但是，产业结构的状态是与一国经济发展阶段相适应的，由于各国的国情不同，什么样的产业结构才是最优的，才能有效推动经济发展，还要根据该国的经济发展水平和阶段去选择，而不能生硬地照搬一些国外发达国家的标准。

基于此，本章借鉴现有的经典产业结构理论，并结合中国经济发展的实际状况和战略目标，给出产业转型升级的内涵与方向，以期进一步补充和拓展产业结构理论。

1.1 产业转型升级的研究动态与评述

产业转型升级是推动经济高质量发展的必然要求和途径。通过梳理现有的相关文献，笔者发现，对于产业转型升级的相关研究主要集中在产业结构演变规律和产业结构发展水平测度两个方面（见表1–1）。

表 1–1 产业转型升级的相关研究

研究问题	研究子问题	研究视角	主要研究内容	代表文献
产业转型升级的相关研究	产业结构演变规律	产业间产值、就业结构及其关联关系	配第–克拉克定理、钱纳里工业化阶段理论、罗斯托经济发展阶段论、库兹涅茨法则等	Clark，1940；Chenery，1960；Rostow，1960；Kuznets，1973；Bell，1973
			产业结构的演变进程与调整方向	Pieper，2000；陈佳贵等，2006；干春晖、王强，2018；Fagerberg，2000；李钢等，2011；周天勇、张弥，2012；费洪平，2017；宋文月、任保平，2018；郭克莎，2019；张永恒、王家庭，2019
	产业结构发展水平测度	产业结构高度化	产业结构超前系数、Moore 结构值、Lilien 指数、非农产值比重、第三产业与第二产业之比	刘伟等，2008；张亚明等，2015；干春晖等，2011；黄亮雄等，2013；何平等，2014；匡远配、唐文婷，2015；陈强强等，2016；韩永辉等，2016；马洪福、郝寿义，2017；孙湘湘、周小亮，2018；杨丽君、邵军，2018；刘伟、张立元，2018；张建华、程文，2019；史丹，2022
		产业结构合理化	结构偏离度、泰尔指数、贴近度	龚唯平、赵今朝，2010；干春晖等，2011；匡远配、唐文婷，2015；孙湘湘、周小亮，2018；杨丽君、邵军，2018；李虹、邹庆，2018

资料来源：笔者整理。

1.1.1 产业结构演变规律的研究动态

关于产业结构变迁的研究，自 20 世纪 30 年代以来就备受关注。国外学者主要利用一些发达国家或准工业化国家的历史数据研究产业结构演进规律，如配第—克拉克定理（Clark，1940）以及在其基础上提出的库兹涅茨法则（Kuznets，1973）分别描述了劳动力随着人均收入的提高在三次产业中的结构变化以及各产业部门的国民收入和劳动力结构的变动规律；Chenery（1960）基于不同时期起主要作用的制造业将成熟工业经济划分为不同的工业化阶段；Rostow（1960）基于经济发展史，将人类社会发展分为六个阶段，并认为起飞阶段和追求生活质量阶段是最有意义的阶段。

Bell（1973）提出以服务业为主体的“后工业化事实”。

这些经验化的理论为产业结构发展提供了一定的指导，一些学者的研究也基于此而展开。例如，Pieper（2000）研究了欧美国家的去工业化；陈佳贵等（2006）、干春晖和王强（2018）参考库兹涅茨、钱纳里等的“标准结构”，通过测算我国的经济发展水平等分析我国产业结构的演变过程，认为我国产业结构主要表现为“一产不稳，二产不强，三产不大”的特征，并指出当前我国整体处于工业化后期阶段，相较于总量矛盾，结构矛盾已成为经济发展的最主要矛盾。再如，Fagerberg（2000）探讨了产业升级、技术进步及生产率增长的发展方向；李钢等（2011）指出，各国产业结构演变有一定的相似性，但各国的具体国情和经济发展水平存在显著差异，调整产业结构不能盲目参照发达经济体，并强调制造业是国民经济的基础和支柱，其地位是其他行业无法替代的，未来仍然有较大发展空间；周天勇和张弥（2012）指出，产业形态从虚拟经济向实体经济调整、发达国家从过度服务业化向制造业回归等是国际经济发展及产业调整的新动向；费洪平（2017）指出，高端化、信息化、集群化、融合化、生态化、国际化是我国产业转型升级的方向；宋文月和任保平（2018）、郭克莎（2019）分别回顾和总结了改革开放以来我国的产业政策和影响产业结构变动的主要因素，指出新兴产业发展、服务业结构优化等是我国产业调整所面临的主要问题；张永恒和王家庭（2019）认为，当数量型产业转型升级达到极限时，必须进行质量型产业转型升级，未来我国产业转型升级必须注重产业间的互补性、各产业的内部结构及质量。

1.1.2　产业结构发展水平测度的研究动态

关于产业结构发展水平的测度，现有文献无论是测度产业升级水平，还是测度产业转型升级水平，抑或是测度产业结构优化水平，整体上都以产业结构高度化和合理化为框架进行测度研究的，其认为产业结构的发展是一个动态过程，一方面表现为以创新为核心动力，使产业结构从低水平向高水平发展的高度化过程；另一方面表现为通过产业间关联水平的提高，使产业协调能力加强的合理化过程。

1.1.2.1　产业结构高度化水平测度

对于产业结构高度化水平的测度，国内学者研究较早的是宋锦剑（2000），其构建了包含三次产业结构比例、霍夫曼比例、工业加工程度、智力技术密集型程度、新兴产业产值比重、基础产业超前系数等在内的测度指标体系，虽然该指标体系能较全面地反映产业结构发展水平，但一些指标只适用定性分析，实际中相关数据根本无法获得，因而其应用性较差。随后，学者多从时间序列角度出发来测度产业结构高度化水平。其中，一些学者采用第三产业与第二产业产值之比衡量产业结构状态的高度化水平（干春晖等，2011；孙湘湘、周小亮，2018；杨丽君、邵军，2018），但张建华和程文（2019）指出服务业占比上升并不一定意味着产业结构升级。此外，在数字经济条件下，产业数字化转型和融合式发展是产业发展趋势（史丹，2022）。一些学者采用产业结构超前系数、Moore 结构值、Lilien 指数等衡量产业结构变动的方向和速度（张亚明等，2015；何平等，2014；陈强强等，2016；马洪福、郝寿义，2017）。

仅利用产业的产值比例来测度产业结构高度化水平是上述研究的共同特点，但刘伟等（2008）指出产业结构高度化水平测度指标应该考虑生产效率因素，产业结构高度化的本质不是单纯的产业间份额的转移，而是产业间产出比例关系的变迁，同时各产业劳动生产率得到提升，否则只能是“虚高度”，因此其提出用各产业产出比例与劳动生产率乘积的和来反映产业结构高度化水平，黄亮雄等（2013）、匡远配和唐文婷（2015）、韩永辉等（2016）、杨骞和秦文晋（2018）及刘伟和张立元（2018）也借鉴了此方法来测度产业结构高度化水平。

1.1.2.2　产业结构合理化水平测度

对于产业结构合理化水平的测度，大多数学者根据经济学中经济最终处于均衡状态的假设来构建测度指标体系。具有代表性的指标为结构偏离度和干春晖等（2011）定义的泰尔指数，韩永辉等（2016）、孙湘湘和周小亮（2018）利用前者进行测度，杨丽君和邵军（2018）、李虹和邹庆（2018）利用后者进行测度。

上述两个指标的共同点：都是基于经济处于均衡状态时各产业劳动生产率相同的假设进行构建的，但前者将各产业的重要程度一视同仁，而后者考虑了产业的相对重要性。除上述两个使用较多的指标外，龚唯平和赵今朝（2010）在短期不存在技术进步、总产出只受产业结构协调程度影响的假定下，通过代入参照经济体的总产值与测度经济体的实际总产值之比来构建协调指数，何平等（2014）从产业结构变动是否带来生产率的提升这一角度，采用 Divisia 指数计算综合要素生产率（MFP），匡远配和唐文婷（2015）采用 Hamming 贴近度来测度产业结构的合理化水平。

1.1.3　产业转型升级相关研究的总结与拓展

上述经典的产业结构演变规律，主要是基于 20 世纪世界经济形势和发达经济体的相关历史数据，描述以西方发达国家为代表的国家的产业结构演进规律，但由于各国的国情不同，什么样的产业结构才能有效推动经济发展，还要根据该地区实际的经济发展水平和阶段去选择，而不能生硬地照搬国外发达国家的标准，所以这些经典成果对于新时代背景下产业转型升级的研究有参考价值，但指导意义不足。

1.1.3.1　已有文献的不足之处

关于产业结构发展水平的测度，现有研究的测度思路和方法对我们衡量产业结构发展水平具有很大的借鉴意义，但也存在一些不足，具体为：

（1）现有的产业结构高度化和合理化指标多从三次产业的产值和就业份额层面构建，但在经济高质量发展阶段下，产业转型升级应更加注重产业质量和效率的提升，而不仅仅是产业份额的转移。

（2）现有关于产业结构合理化的两个主要测度指标，都基于均衡思想，将总体平均水平作为参考标准，通过测度各产业部门劳动生产率偏离总体平均劳动生产率的程度来衡量产业结构的合理化水平。一方面，这会造成各产业与总体平均水平接近则该地区产业合理化水平高，若各产业高于总体平均水平则产业结构不合理的论断；另一方面，结构主义增长观点本来就否定竞争均衡的假设，肯定产业间生产率的差异，从而现有的产业结构合理化指标的构建思想与应用在理论方面就是矛盾的。

（3）现有文献多从三次产业层面分析了国民经济发展的产业演变过程，但郧义钧（2006）指出产业结构升级不仅表现为三次产业主导地位的更替，也表现为三次产业内部的结构升级，张永恒和王家庭（2019）也强调高质量发展阶段下产业转型升级一方面要继续推动非农产业发展，另一方面要重视产业内部结构的升级及产业间的协同发展。因此，现有文献大多忽略了三次产业内部细分产业的差异。

（4）产业结构优化表现为高度化和合理化两个方面，但两者在理论上是融为一体的，现有文献多将两者割裂开来（孙晓华等，2017），从而缺乏一个统一的产业结构发展水平测度指标。

1.1.3.2 本书的创新

综上所述，基于现有的产业转型升级的相关研究，本书进行了如下的拓展：

（1）对于产业结构高度化的测度，不仅从产业的产值结构维度，还从产业的效率和效益维度，考察中国产业结构的变迁状况。此外，更加注重三次产业及其内部细分产业的变迁状况。

（2）对于产业结构合理化的测度，通过相关理论分析，发现产业结构合理化的中心内容是协调，而产业结构协调的本质是各产业依靠产业间的技术经济联系使产业间的协调能力不断提高。新时代，产业发展更强调通过产业融合来有效地促进产业转型升级，尤其强调通过促进实体经济与数字经济深度融合，来推动经济高质量发展。因此，本书摒弃了现有的结构偏离度和泰尔指数等指标，利用产业融合度来衡量产业结构的协调程度，从而刻画产业结构合理化的变动过程。

（3）在现有文献中，对于测度产业转型升级或产业结构优化，多从产业结构高度化和合理化两个方面分别构建测度指标来反映产业发展水平。从产业结构合理化和高度化两个方面构建测度指标，确实能够较为精细地从不同方面反映产业结构发展水平，但容易造成产业结构高度化与合理化不一致，因此本书在产业结构高度化和合理化测度框架的基础上，构建了一个产业转型升级的综合测度指标——产业结构优度，以期全面、统一地测度中国经济发展过程中的产业转型升级水平。

1.2 产业转型升级的基础理论分析

产业既是一个“集合”的概念，也是一个“细分”的概念，且两者是相对的。一般情况下，若研究对象为具有某种同一属性的企业，则产业是

“集合”概念；若研究对象为按某一标准划分的国民经济各产业部门，则产业是“细分”的概念（苏东水，2010）。本书的研究对象——产业是一个“细分”的概念，并基于《国民经济行业分类》（GB/T 4754—2017），分别将国民经济部门划分为三次产业及其内部细分的门类产业和大类产业。

1.2.1　产业结构演变的一般规律

产业结构既是前期经济增长和发展的结果，也是后期经济增长和发展的基础，故研究产业发展问题，首先要把握和考察的是产业结构的演变规律。与经济发展相类似，产业发展也是一个客观的历史过程，既包括单个产业的演变过程，也包括产业总体，即国民经济整体的演变过程。

对于单个产业的演变过程，产业结构理论中借鉴了产品的生命周期理论来解释单个产业的发展生命周期，其认为单个产业的发展整体上也会经历形成、成长、成熟和衰退四个时期，但相较于产品的生命周期，产业发展生命周期具有“衰而不亡”和“起死回生”的特征，即产业发展进入衰退期，产业份额虽然会下降，但不会降为零，此外产业在衰退期还会因为技术创新而发生突变，从而进入下一个发展生命周期。单个产业的演变规律不是本书的重点研究对象，为此不再赘述了，本书重点研究国民经济整体的演变规律。

对于整体国民经济的演变过程，现有的一些产业结构演变规律主要是利用一些发达国家或准工业化国家的历史数据得到的，如配第－克拉克定理以及在其基础上提出的库兹涅茨法则，二者分别阐述了随着人均收入的逐步提高，劳动力在三次产业中的结构变化，以及农业、工业和服务业各部门的国民收入和劳动力的结构变动。除了上述对国民经济产业结构变动规律的整体考察，霍夫曼和钱纳里还分别对工业和制造业内部的结构变动进行了考察，并分别提出了著名的霍夫曼定理和标准产业结构，前者根据消费品与资本品的工业净产值比例将工业化划分为四个发展阶段，后者根据人均国内生产总值将不发达经济到成熟工业经济划分为三个时期六个阶段，并指出任何一个发展阶段向更高阶段的跃升都是依靠产业结构演变来实现的。

上述这些产业结构演变理论，主要是通过产业间就业、国民收入等的结构变动来分析产业结构的演变趋势和规律。基于现有的相关理论，从主导产业及其内部结构的变动来看，产业结构演变总体上包括以下两种演变规律。

1.2.1.1 产业结构整体呈现第一产业、第二产业、第三产业占主导地位依次更替

广义的工业化代表整个国民经济的发展进程，而非单一的指工业发展，因此国民经济的产业结构变迁规律应置于工业化进程的框架之下。在前工业化时期，产业结构状态以第一产业占主导地位，第二产业有一定发展，第三产业地位微乎其微。在工业化初期，产业结构状态表现为第一产业份额不断缩小；第二产业有较大发展，并占据主导地位，同时工业结构由以轻纺工业为主导转向以基础型重化工业为主导；第三产业有一定发展，但其份额仍然较小。在工业化中期，产业结构状态仍以第二产业为主导地位，但工业重心由原来的基础型重化工业转向高加工度工业；第三产业份额逐渐上升。在工业化后期，产业结构状态呈现第二产业份额持续下降，而第三产业，特别是其中的信息产业快速发展，且其份额在国民经济中占有重要地位甚至优势地位。在后工业化时期，产业结构状态以第三产业为主导，同时产业知识化成为主要特征。

1.2.1.2 三次产业内部向产业现代化演变

从横向来看，随着经济发展，产业结构向第一产业、第二产业和第三产业分别占优势地位的方向演变，但从三次产业纵向的内部看，产业结构演变还有如下的规律性：

在第一产业内部，产业结构由技术水平低下的传统农业向技术水平较高的现代农业转变。在第二产业内部，从产业的生产性质和产品用途来看，产业结构沿着轻纺工业—基础型重化工业—加工型重化工业的方向演变；从产业的资源结构变动情况来看，产业结构沿着劳动密集型—资本密集型—技术密集型的方向演变；从产业的市场导向变动情况来看，产业结构沿着封闭型—进口替代型—出口导向型—市场全球化的方向演变。在第三产业内部，产业结构由技术水平低下的传统服务业向技术水平较高的现代服务业转变。

需要强调的是，虽然每个经济体的产业结构演变，从产业间的横向更替和产业内部的纵向变迁规律来看，总体来说是相似的，但是由于各国的国情不同，以及经济发展水平和阶段不同，其产业结构的调整方向或变迁状况，还要根据经济体的实际发展水平和情况来把握。

1.2.2　产业关联理论

产业关联是产业结构最主要的表现特征之一，研究产业结构问题，必须研究产业间的关联关系和联系方式等问题。因此，产业关联理论作为产业结构理论的另一重要主体理论，主要通过产业间的技术经济联系分析产业间的联系方式及投入产出关系。

1.2.2.1　产业关联及其联系方式

产业关联是国民经济活动中，各产业间以生产技术为联系纽带而建立起的技术经济联系，按照产业间的需求和供给联系，可以划分为前向关联和后向关联。前向关联是指某产业通过供给关系与其他产业发生联系的关联关系，如 A 产业的产品是 B 产业的中间投入，即 A 产业提供产品给 B 产业，则 A 产业与 B 产业存在前向关联关系。后向关联是指某产业通过需求关系与其他产业发生联系的关联关系，如 B 产业的生产需要从 A 产业获得投入，则 B 产业与 A 产业存在后向关联关系。这种产业间的前向关联关系和后向关联关系反映在投入产出表中，就是各产业间的行关系和列关系。

1.2.2.2　产业关联分析

基于产业维度的投入产出表建立了社会再生产过程中国民经济各产业间产品“流入”和“流出”的经济数学模型，根据其行、列的平衡关系及各种关联系数可以量化度量产业间的技术经济联系。表 1–2 给出了中国价值型投入产出的简表形式，本书后续的相关实证分析也会基于表 1–2 中的相关数据进行测算。

表 1–2　投入产出简表

<table>
<tr><th colspan="2" rowspan="2">产出
投入</th><th colspan="4">中间使用</th><th rowspan="2">最终使用</th><th rowspan="2">进口</th><th rowspan="2">总产出</th></tr>
<tr><th>部门 1</th><th>部门 2</th><th>…</th><th>部门 n</th></tr>
<tr><td rowspan="4">中间投入</td><td>部门 1</td><td colspan="4" rowspan="4">X_{ij}</td><td rowspan="6">Y_i</td><td rowspan="6">M_i</td><td rowspan="6">X_i</td></tr>
<tr><td>部门 2</td></tr>
<tr><td>⋮</td></tr>
<tr><td>部门 n</td></tr>
<tr><td>增加值</td><td></td><td colspan="4">V_j</td></tr>
<tr><td colspan="2">总投入</td><td colspan="4">X_j</td></tr>
</table>

资料来源：笔者整理。

从纵向来看，投入产出表中纵向的中间投入结构通过需求关系与其他产业发生联系，反映的是各产业生产产品时需要消耗其他各产业的产品价值量。其中，中间投入率是中间投入占总投入的比例，其能够衡量产业的集约性与加工性特征。中间投入率越大，说明该产业在生产中使用国民经济各行业的原材料越多，属于增加值率低的加工型产业，反之，该产业在生产中使用国民经济各行业的原材料越少，属于增加值率高的集约型产业。从横向来看，投入产出表中横向的中间需求结构通过供给关系与其他产业发生联系，反映的是各产业提供给其他产业生产使用的产品价值量。其中，中间需求率是中间需求占总产出的比例，其能够衡量产业的基础性特征。中间需求率越大，说明该产业越具有原材料产业的性质，其属于基础性产业，反之，该产业越具有最终产品产业的性质。

上述中间投入率和中间需求率从静态角度分析了产业间的投入产出关系，明确了在一定产业结构状态下各产业的特性，但产业结构是变动的，从而产业间的投入产出分析还需从动态角度入手。动态角度的产业间联系，反映了在一定产业结构状态下，某些产业变化会通过特定的产业联系波及其他产业，引起与其直接相关或间接相关的产业发生变化，以此依次传递，直至影响逐渐减弱的动态过程。对于这种产业间的动态关联关系的分析，产业关联理论中通常采用产业波及来进行，其波及效果通常使用感应力系数与影响力系数来测度产业间的推动作用和拉动作用。此外，影响力系数和感应力系数虽然从动态角度衡量了产业间的关联强度，但其又反映最终需求带来的产业波及效果，即各项最终需求对各产业生产的带动性以及各产业生产对各项最终需求的依赖程度，在产业关联理论中通常采用各项最终需求的生产诱发系数和生产最终依赖度来衡量（苏东水，2010）。

综上，产业间存在广泛、复杂的关联关系，根据建立的投入产出表，便可以从静态角度或动态角度分析产业间的关联关系、关联强度、波及效果，从而明确产业在国民经济中的地位，为制定产业政策提供依据。本书后续考察国民经济中各产业的效益状态以及产业间的关联水平、融合程度等内容时，都是基于产业关联理论来进行的。

1.2.3 产业结构优化理论

调整产业结构能够推动经济发展，这主要是由于产业结构效应在发挥作用，而促进产业结构优化，能够使产业结构效应更好的发挥，从而更有效地推动经济不断向前发展。因此，产业结构优化既是产业结构调整的目的，也是产业结构调整的结果。从纵向来看，其主要表现为产业结构由低级向高级的高度化过程；从横向来看，主要表现为产业结构的合理化过程，而从本质看，其是资源配置优化和再配置的过程。

1.2.3.1　产业结构高度化及其机制

产业结构高度化是通过创新，并遵循产业结构从低水平状态向高水平状态演变的产业变动过程，其中创新是产业结构高度化的动力，其对产业结构既有直接影响，也有间接影响，具体表现如下：

其一，创新对产业结构的直接影响，取决于创新方式，当创新带来的是新产品的开放或是对原有产品的提升，则会导致该产业部门扩张（如汽车行业）；当创新带来的是原有产品生产效率的提升，则会导致该产业部门收缩（如农业）。

其二，创新对产业结构的间接影响主要包括两种方式：第一种方式是创新通过改变生产要素的相对收益来间接影响产业结构的变动，如创新会改变劳动和资本的相对边际生产率，当资本的边际生产率提升更快时，就会导致资本替代劳动，从而导致产业结构变动；第二种方式是创新通过改变生活条件和工作条件来间接影响产业结构变动，如创新可能会创造出巨大的潜在需求，当需求结构发生较大变动时，势必会导致产业结构发生变动。

产业结构高度化是各个产业变动的综合结果，其运行机制概括来讲，是创新首先引起单个产业变动，而由于产业间的关联关系，最终引起整个产业结构的变化。这一连锁过程得以发生，主要是由于任何单个产业部门都会经历兴起、扩张、成熟、衰退的生命周期过程，创新一方面可能使新产品被开发从而对其需求增大，另一方面也可能使产品成本大幅下降，从而引致产业快速扩张，但当产品价格已经降到新的创新很难再降低成本的临界点时，产业增长就会减缓。

因此，在任何时间点上，都会同时存在增长速度不同的产业，其中增长速度较快的产业部门产值比重大，并支撑经济增长，但随着时间的推移，由于新的创新与创新的扩散，原来增长较快的产业就会减速或者被新的高增长产业替代，因此产业结构高度化实际上是产业间优势地位更替的动态过程，但产业结构高度化的本质不应该仅是产业间份额的转移，更是产业间产出比例关系的变迁，同时各产业劳动生产率得到提升，否则只能是“虚高度”。

1.2.3.2 产业结构合理化及其机制

产业结构合理化是依靠产业间的技术经济联系来调整不协调的产业结构，从而使国民经济各产业间协调发展的动态过程。因此，产业结构合理化的本质是促进产业结构协调的动态过程，体现在生产技术方面，就是产业间技术经济联系的加强，即产业间关联水平提高的动态过程。

产业结构合理化的必要性可以从两个方面解释：①从经济发展的总体提升效果看，若产业结构实现了协调发展，资源就能在产业间得到有效的配置和利用，从而产业结构的整体能力（结构的聚合质量）就越高，经济发展的总体提升效果就越好，与此相对应的产业结构就是合理的。反之，产业结构的整体能力就会下降，与之相对应的产业结构就是不合理的。②从经济发展的持续性看，产业结构合理化是经济持续发展的必然要求，在一定发展阶段下只有产业结构实现合理化，产业间的关联效应才能得到充分发挥，从而主导产业及其综合体的发展才能带动其他产业发展，进而推动整个国民经济持续发展。

综上，优化产业结构是促进经济发展的有效手段，只是由于在不同的发展阶段，经济发展的战略目标和发展理念不同，从而优化产业结构的方式和理念不同。新时代下，我国处于转变发展方式、优化经济结构、转换增长动力的攻关期，迫切需要通过产业转型升级来优化产业结构，从而提升供给体系质量，推动经济高质量发展。因此，产业转型升级水平的测度方法和指标可以依据产业结构优化理论来构建，即在产业结构视角下，可以以产业结构高度化和合理化为框架，测度产业转型升级水平。

对于产业结构高度化水平的测度，有些学者利用第三产业与第二产业产值之比衡量产业结构状态的高度化水平，有些学者利用产业结构超前系数、Moore 结构值、Lilien 指数等衡量产业结构变动的方向和速度。这些测度方法和指标总体上的共同特点是仅利用产业的产值比例来测度产业结构高度化，而且多数研究仅从三次产业层面分析了产业的演变过程。新时代下，以产业转型升级为重要途径来推动经济向高质量状态发展，必然要求提升产业的效率和效益。但是，现有的相关研究既忽略了产业在效率、效益方面的升级，也忽略了产业内部的差异和变动，故本书从产业的结构状态、效率状态和效益状态等方面来测度产业结构高度化水平。

对于产业结构合理化水平的测度，现有文献大多采用结构偏离度和泰尔指数，但这两个指标都是根据传统经济增长理论中经济总能处于均衡状态的假设来构建的，一方面，假设经济总是处于均衡状态，这在实际情况中很难满足；另一方面，即使实际情况能满足假定条件，但根据上述测度指标的构建方法，其是把总体水平作为参考，通过测度各产业部门劳动生产率偏离总体劳动生产率的程度来衡量产业结构的合理化。

因此，本书认为，既然协调是产业结构合理化的中心内容，而产业结构协调的本质是各产业依靠产业间的技术经济联系使产业间的协调能力不断提高的过程，从而产业结构合理化可以从产业间的关联关系入手，通过测度其关联水平的变动来反映产业结构合理化的状态变迁。

1.3　产业转型升级的内涵界定与外延特征分析

基于上述的产业结构演变理论、产业关联理论及产业结构优化理论，本书给出产业转型升级的内涵和特征。

1.3.1　产业转型升级的内涵

本书认为，产业转型升级是经济发展方式以及产业链由低到高的转变过程，其中“产业转型”是经济活动方式的转变过程，其以技术进步为根本特征，以转变经济发展方式为根本目的；“产业升级”是在技术进步的作用下，整个国民经济中的产业链由低到高的升级过程，其不仅仅是三次产业间优势地位的更替，更是整个产业体系质量和效率提升的过程。产业转型与产业升级互为表里，融为一体，满足产业长远发展。

实际上，产业转型升级的本质是产业间及产业内部的资源优化配置和再配置的过程。一方面，对于不同产业，主导其发展的生产要素存在差异，如通常情况下第一产业劳动要素相对密集，而第二产业资本要素相对密集；另一方面，对于不同生产要素，其在边际报酬递减规律上的表现在时间或难易程度上存在差异，通常情况下，无形要素大于有形要素，具体表现：知识、技术要素 > 资本要素 > 劳动力要素。

1.3.2 产业转型升级的方向与外延特征

产业转型升级是促进经济发展的手段，在经济发展的不同时期，产业结构形态不同，从而产业转型升级的目标和要求不同，进而，其路径也不同。本书结合产业结构理论和我国经济发展实际情况，从水平方向和垂直方向来阐述和分析产业转型升级的路径（见图 1–1）。

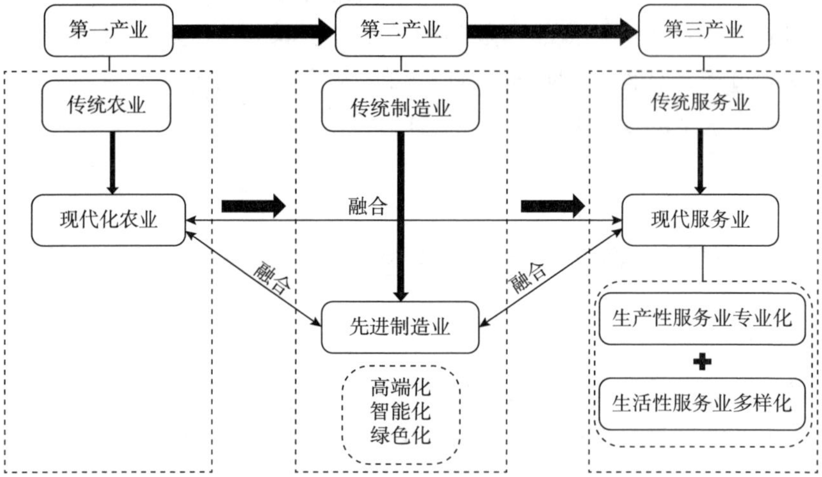

图 1–1 经济高质量发展背景下产业转型升级的路径

资料来源：笔者整理。

1.3.2.1 产业间的变迁方向

在经济发展初期，随着经济的不断发展，非农产业在产品需求偏好、技术进步的可能性及劳动生产率的增速等方面都逐渐强于农业，因此该阶段只要通过调整非农产业结构比例，就可以实现产业转型升级，从而促进经济较快增长。也就是说，从水平方向上看，产业转型升级表现为三次产业占优势地位的逐渐更替。该类型的产业转型升级一般发生在注重规模和速度要求的经济高速增长阶段。

1.3.2.2 产业内部的变迁路径

总体上中国经济虽然已经进入服务经济时代，但一方面，农业和工业作为经济社会发展的物质生产部门，无论任何经济体及其处于何等发展阶段，都是不可以放弃的，何况“大而不强”依然是我国工业发展的主要特征，若过早的“去工业化”则很可能会造成产业结构“空心化”，从而导致服务业发展成为无本之木；另一方面，当前阶段，由于产品质量及技术档次等问题造成的中高端产品和服务供给不足、存在落后及污染产能等供给层面的结构性问题，从而提高供给体系质量才是我国经济发展的主要任务。

因此，在经济高质量发展阶段，产业转型升级应更注重产业内部的转型升级及产业间的融合、协调发展。也就是说，从垂直方向上看，产业转型升级表现为三次产业内部的质量提升。总体上，各自内部表现为，传统农业向现代农业、传统制造业向先进制造业、传统服务业向现代服务业的转型升级过程。此外，产业发展更注重产业间的融合发展，强调现代农业“接二连三”，向生产、加工和服务一体化转型，先进制造业与现代服务业深度融合，向智能制造、服务型制造转型升级。

基于上述产业转型升级的内涵和方向，在测度产业转型升级水平时，应该既要测度水平方向上产业间总体的演变状态，也要注重测度垂直方向上三次产业内部的演变状态，还要从产值比例方面乃至效率、效益和融合程度方面来进行测度。

1.4　本章小结

本章基于产业结构演变理论、产业关联理论及产业结构优化理论，阐述了产业转型升级的内涵和路径。产业结构的发展是与国家经济发展阶段相适应的，在经济高质量发展阶段，产业转型升级拥有了新的内涵，其更加注重产业发展的质量和效率，而不仅仅是转行业、转产业。在水平方向上，产业转型升级表现为三次产业占优势地位的逐渐更替。在垂直方向上，产业转型升级更注重产业内部的转型升级，以及产业间的融合、协调发展，产业转型升级表现为三次产业内部的质量提升，即表现为传统农业向现代农业、传统制造业向先进制造业、传统服务业向现代服务业的转型升级过程。此外，更注重产业间的融合发展，强调现代农业“接二连三”，向生产、加工和服务一体化转型升级，先进制造业与现代服务业深度融合，向智能制造、服务型制造转型升级。

第2章 经济高质量发展的逻辑框架与内涵研究

经济高质量发展是党站在新的历史方位上做出的重大决断，对中国今后的经济发展具有重大的现实意义和深远的历史意义，但当前学术界对经济高质量发展的内涵、特征、评价标准等存在分歧。因此，本章在梳理现有经济高质量发展相关文献的基础上，界定经济高质量发展的内涵，以期丰富和完善经济高质量发展理论。

2.1 经济高质量发展的研究动态与评述

党的十九大开启了全面建设中国特色社会主义现代化国家的新征程，为适应社会主要矛盾的变化，满足新时代经济发展的目标和要求，推动经济高质量发展成为我国必须长期遵循的战略。梳理文献发现，国内现阶段关于经济高质量发展的研究主要集中在经济高质量发展的内涵与水平测度两个方面（见表 2–1）。

表 2–1　经济高质量发展的相关研究

研究问题	研究子问题	研究视角	主要观点与内容	代表文献
经济高质量发展	内涵界定研究	发展目标、发展目的、发展理念	体现新发展理念和满足人民美好生活需要的发展	张军扩等，2019；张占斌、毕照卿，2022；魏敏、李书昊，2018a；任保平，2018a；李金昌等，2019；张涛，2020；李梦欣、任保平，2018；吴志军、梁晴，2020；马茹等，2019

续表

研究问题	研究子问题	研究视角	主要观点与内容	代表文献
经济高质量发展	水平测度研究	经济增长质量水平	用全要素生产率（TFP）衡量	刘瑞翔、安同良，2012；余泳泽等，2019；韩英、马立平，2019
			从经济结构、效率、稳定、生态环境代价等维度评价	钞小静、惠康，2009；张继海、李发毅，2014；詹新宇、崔培培，2016；魏敏、李书昊，2018b
		经济高质量发展水平	以新发展理念为主体框架，加入稳定、安全等维度	任保平，2013；李梦欣、任保平，2018；李金昌等，2019；聂长飞、简新华，2020；张涛，2020；史丹、李鹏，2019；刘亚雪等，2020；吴志军、梁晴，2020，陈子曦、青梅，2022

资料来源：笔者整理。

2.1.1　经济高质量发展内涵的研究动态

对于经济高质量发展的内涵，虽然现有相关研究对经济高质量发展内涵的解读和界定做了颇多的探讨，但观点并不统一，主要从发展目标、发展目的、发展理念和发展方式四个维度进行阐释。具体如下：

其一，经济高质量发展是实现更高质量、更有效率、更加公平、更可持续、更为安全的发展（张军扩等，2019；张占斌、毕照卿，2022）。魏敏和李书昊（2018a）基于当前阶段中国经济建设存在的主要问题，以及新时代中国经济发展的新要求与新理念，归纳阐述了经济高质量发展逻辑主线。任保平（2018a）阐述了经济高质量发展的理论导向和实践取向。

其二，经济高质量发展是满足人民美好生活需要的发展。张军扩等（2019）认为高质量发展是以满足人民日益增长的美好生活需要为目标的高效率、公平和绿色可持续的发展。洪兴银（2019）指出高质量发展是满足人民美好生活需要的发展，是人与自然和谐共生的发展。李金昌等（2019）认为高质量发展是以满足人民日益增长的美好生活需要为目的，以创新、协调、绿色、开放、共享为发展理念的发展。张涛（2020）指出高质量发展是能够满足人民日益增长的美好生活需要的发展，既包含物质性需要，也包含全面发展的渴望。

其三，经济高质量发展是体现新发展理念的发展（任保平，2018a；李梦欣、任保平，2018；洪兴银，2019；吴志军、梁晴，2020）。

其四，经济高质量发展是质量效益型或创新驱动型的发展（张占斌、毕照卿，2022）。任保平（2018a）认为高质量发展是经济发展质量的高级状态和最优状态，在理论上，是以新发展理念为指导的经济发展质量状态，在实践上，是中国经济发展的升级版。马茹等（2019）认为经济高质量发展具有优质高效的供给体系、高质量的需求、更高效率、更可持续、更具稳定性和安全性以及更高层次和更高水平的对外开放。

2.1.2 经济高质量发展水平测度的研究动态

经济增长理论的主要目的是回答经济增长的时间序列问题和横截面问题，[①] 其早期着重关注经济增长在数量上的扩张，很少关注经济增长的质量，20 世纪末由于各类经济增长的质量问题逐渐凸显，才被学术界广泛关注。

对于经济增长质量的水平测度，在狭义视角下，将经济增长质量理解为经济增长的效率，尤其在 Solow（1957）提出“余值”模型后，其将技术进步视为时间序列问题的答案，从而全要素生产率（TFP）在一定程度上成为经济增长品质优劣评价的重要指标，刘瑞翔和安同良（2012）、余泳泽等（2019）、韩英和马立平（2019）等都利用 TFP 衡量经济增长的绩效或质量。在广义视角下，经济增长质量是一种规范性的价值判断，拥有丰富的内涵，通常通过综合评价进行测度。例如，钞小静和惠康（2009）通过分析经济增长与经济发展的区别与联系，构建经济增长质量测度指标体系；张继海和李发毅（2014）从经济增长的稳定性、经济结构的优化和升级、经济增长效率及经济增长结果构建评价指标体系；魏敏和李书昊（2018b）从动力机制转变、经济结构优化、开放稳定共享、生态环境和谐和人民生活美好构建经济增长质量评价指标体系。

随着中国经济发展进入新时代，经济高质量发展成为学术界关注的重点，学者对经济增长质量的测度评价过渡到对经济高质量发展的探索与测度。相较于经济增长质量，高质量发展本身就是发展的范畴，其内涵也更加

① 经济增长的时间序列问题和横截面问题是回答什么是促进经济长期增长的主要因素，为什么有的国家出现经济增长奇迹，有的国家却陷入增长灾难，以及为什么不同国家之间人均国民收入差异巨大等问题，即决定经济长期增长的因素问题以及国家和地区间经济增长的差异问题。

丰富，且具有更加鲜明的时代特征和属性。也正是由于经济高质量发展内涵的多维性，使对其评价以及评价指标的构建成为难点，现有相关研究多数都基于新发展理念构建评价指标体系（李梦欣、任保平，2018；史丹、李鹏，2019；张涛，2020；刘亚雪等，2020；吴志军、梁晴，2020；陈子曦、青梅，2022）。李梦欣和任保平（2018）以新发展理念为框架构建高质量发展评价指标体系；李金昌等（2019）围绕“人民美好生活需要”和“不平衡不充分发展”两个社会主要矛盾构建包含经济活力、创新效率、绿色发展、人民生活、社会和谐的高质量发展评价指标体系；张涛（2020）指出不能将高质量发展与西方经济学中的经济增长质量等同起来，用单个指标（如劳动生产率、全要素生产率等）度量高质量发展水平，其从创新、绿色、开放、共享、高效、风险防控六个维度测度高质量发展水平；聂长飞和简新华（2020）以“四高一好”标准构建高质量发展评价指标体系。史丹和李鹏（2019）在生态文明、创新驱动以及能源绿色转型背景下，以新发展理念为框架构建经济高质量发展评价指标体系，刘亚雪等（2020）在新发展理念的基础上加入稳定系统，吴志军和梁晴（2020）在新发展理念的基础上加入综合质效维度，来测度经济高质量发展水平。

新发展理念确实是经济高质量发展的重要内容，其是发展的先导和方向，它指出了我国经济发展的动力、手段、特征、路径和目的等内容，但其内涵和外延非常宽泛，难以量化（田秋生，2018）。因此，以新发展理念构建评价指标体系存在的不足有以下几项：

其一，从测度内容来看，缺乏对经济综合质量、效益、安全等的考察。为此，有的研究者在新发展理念的基础上加入了综合质效、稳定、高效、可持续性、风险防控等维度进行评价（魏敏、李书昊，2018a；吴志军、梁晴，2020；刘亚雪等，2020；张涛，2020；陈子曦、青梅，2022）；有的直接从产品服务质量，经济、社会和生态效益及经济运行状态即“四高一好”五个方面进行评价（聂长飞、简新华，2020）。需要指出的是，虽然产品和服务的质量是经济高质量发展的应有之义和必然要求，但更重要的是经济、政治、文化、社会和生态全方位协调发展，如果将产品和服务质量的评价纳入高质量评价指标体系，存在的问题主要包括以下三个方面：一是这实际上是标准体系的内容；二是微观要素类型和质量过于繁杂，且即使微观要素是高品质的，如果其处于无序和离散状态，也难以有效推动宏观经济发展；三是由于个人偏好的存在，每个人对产品和服务的质量评价标准是存在较大差异的，我们很难统一量化测度。

其二，从统计综合测度原则来看，对于经济发展质态的好坏评价，更应该基于经济发展的目标或目的来进行测度。这是由于虽然不同区域单元的要素禀赋、经济结构和发展路径等可能不同，但发展目标是一致的。张军扩等（2019）就指出经济高质量发展测度体系应至少包括高效、公平和可持续的经济发展目标。是否满足人民日益增长的美好生活需要是经济发展质态高低的评价准则，但是，以是否达到发展目的或者人民向往的目标为评价依据，在实际测度中是非常困难的。其原因包括以下两个方面：一是“需要”是复杂的，也是不断增进变化的，是否满足“需要”，其主观性很大，也很难测量；二是从商品的二重性角度去解释质量，认为其是指产品能够满足实际需要的使用价值特性以及具有更高性价比因而能更有效地满足需要的质量合意性，那么各种不同使用价值的商品难以一致性计量和加总，只有在量质对称的假定下，才能用交换价值量来衡量使用价值量，但这在实际中是不存在或难以确保的。

其三，从测度视角来看，缺乏从新质生产力视角考察经济高质量发展水平。现有关于新质生产力水平测度的研究，主要从新质劳动者、新质劳动资料和新质劳动对象三个维度进行综合测度（王珏、王荣基，2024；朱富显等，2024；韩文龙等，2024），而没有将其纳入经济高质量发展框架中进行研究。

因此，本书基于新质生产力视角，以实现更高质量、更有效率、更加公平、更可持续、更为安全的发展目标为评价依据，从发展动力新质、发展方式绿色低碳、发展成果公平共享、发展环境安全稳定四个方面，遵循全面性原则、代表性原则、可比性原则和可操作性原则，选取科技创新、产业动力、生产方式、生活方式、收入分配、公共服务、经济安全和社会安全八个分项指标及46个基础指标构建经济高质量发展的测度指标体系。

2.2 经济高质量发展的逻辑框架

2.2.1 历史逻辑——历史任务调整

发展是一个动态、历史的范畴，在社会主义初级阶段，实现社会主义现代化是党和人民必须完成的历史任务和奋斗目标，基于经济发展的不同时期和不同阶段，党中央对于社会主义现代化建设的奋斗目标做出了相应的调整。

最早在党的十三大上，根据邓小平同志提出的建议和意见，确定了“三步走”的发展战略。随着我国经济社会的快速发展，党的十五大首次提出“两个一百年”奋斗目标，之后党的十六大和党的十七大基于当时的发展情况都对其内容做了相应的强调和安排。党的十八大将其具体确定为“建党一百年（2021 年），全面建成小康社会，建国一百年（2049 年）建成社会主义现代化国家”。进入新时代，党的十九大提出在全面建成小康社会（2020 年）的基础上，分“两个阶段”实现现代化，头十五年（2020 ~ 2035），基本实现社会主义现代化，后十五年（2035 ~ 2050 年），最终建成富强民主文明和谐美丽的社会主义现代化强国。

由此，党和人民的历史任务经历了由改革开放初期的“三步走”，到十八大的“两个一百年”，然后进入新时代调整为“两个阶段”。从而，社会主义现代化的最终目标由原来的基本实现现代化，转变为建成富强民主文明和谐美丽的社会主义现代化强国。进而，由于历史任务奋斗目标的提高，必然需要经济高质量发展来作为保障和支撑，这是历史逻辑所决定的。

2.2.2 实践逻辑——经济发展战略调整

在新阶段，经济发展必须坚持质量第一、效益优先的原则。但是，实际上，早在全国人大五届四次会议上，就首次提出把“经济效益”作为经济建设的方针，党的十三大更是将“效益”提升到经济发展战略的高度，强调“注重效益、提高质量、协调发展、稳定增长”。只是，基于当时经济发展的基础和所处的阶段，过重偏向质量和效益的要求是不可行的。为此，邓小平同志在“南方谈话”中，针对党的十三大之后经济治理整顿中过分强调稳定的问题，提出了“发展才是硬道理”，经济必须快速增长，并强调低速就是停步，就容易错失机会，稳定和协调是相对的。从而，提出了“三个有利于”标准来解放发展思想，使我国经济发展逐渐进入高速增长的轨道。

随着我国经济的快速增长，增长的可持续性问题不断凸显，在十四届五中全会上党中央首次提出了经济增长方式由粗放型向集约型转变。21 世纪初，十六届三中全会开创性地提出了科学发展观这一重大战略思想。党的十七大则对全面、协调、可持续做了具体和明确的概括，并首次将“转变经济增长方式”的提法改为“转变经济发展方式”。此后，受全球金融危机的影响，我国经济增速开始减缓，党中央在十七届五中全会上进一步明确了转变经济发展方式的内涵，[①] 并将经济结构调整作为转变经济发展方式主攻方向。同时，为加快经济发展方式转变，党的十八大明确提出了实施创新驱动发展战略。

但是，随着经济增长持续下行，“三期叠加”的阶段性特征凸显，我国经济发展进入“新常态”，面对当前及今后一段时期内的经济减速、结构调整、增长动力转换等问题，在深刻总结国内外发展经验和趋势的基础上，习近平总书记强调发展必须得遵循经济、自然以及社会规律，[②] 并在党的十八届五中全会上提出创新、协调、绿色、开放、共享的新发展理念，在党的十九大上强调“发展是党执政兴国的第一要务”，并做出中国经济已转向高质量发展阶段的重大决断，提出努力实现更高质量、更有效率、更加公平、更可持续的发展。随着发展环境愈加复杂多变，面对百年未有之大变局，以习近平同志为核心的党中央做出构建新发展格局的重大战略抉择。此外，习近平总书记在党的二十大报告中指出：“推动经济社会发展绿色化、低碳化是实现高质量发展的关键环节。”2023 年，习近平总书记在考察调研时创新性地提出了“新质生产力”这一新概念，其是对“新发展阶段，为实现高质量发展，发展什么样的生产力、怎样进一步发展和解放生产力”这个时代之问的最新回答（方敏、杨虎涛，2024）。

2.2.3 理论逻辑——特色社会主义经济指导理论创新

从西方经济发展阶段理论看，追求发展的质量是经济发展到一定阶段

---

① 转变经济发展方式的内涵是以科技进步和创新为重要支撑，以经济结构战略性调整为主攻方向，以保障和改善民生为根本出发点和落脚点，以建立资源节约型、环境友好型社会为重要着力点。

② 在2014年7月召开的中央政治局会议上，习近平总书记指出“发展必须是遵循经济规律的科学发展，必须是遵循自然规律的可持续发展，必须是遵循社会规律的包容性发展”。

后的必然要求，罗斯托的经济发展阶段理论为经济高质量发展提供了理论渊源，其从世界经济发展史的角度，将人类社会发展阶段划分为传统社会阶段、为起飞创造前提阶段、起飞阶段、向成熟推进阶段、大规模高消费阶段和追求生活质量阶段六个阶段，并认为这六个阶段出现依次更替的原因是主导部门的不断更替和人类欲望的不断更替，前者是客观原因，后者是主观原因。

起飞阶段直接关系到生产方式的剧烈变革，该阶段的重要特征是一国开始实行工业化发展战略，走上了工业化道路。该理论还指出，在社会发展的六个阶段中，起飞阶段和追求生活质量阶段是最有意义的阶段，对于起飞阶段其强调经济要想实现起飞，必须具备三个关联条件：一是要有较高的资本积累率；二是要建立能够带动整个经济增长的主导部门；三是要进行制度的、社会的和政治的变革。对于追求生活质量阶段，其认为该阶段是继起飞阶段后，人类社会发展阶段的又一重大突变，此阶段国民经济部门以提高居民生活质量的服务业为主导。

综上，经济发展阶段理论是经济高质量发展的理论基础，其强调：第一，起飞阶段意味着工业化的开始或经济发展的开端，是一国经济从停止落后向增长发达过渡的重要转折点；第二，追求生活质量阶段是人类社会发展的最高阶段；第三，主导部门不是一成不变的，而是根据不同的发展阶段和条件不断演变的。在发达国家的发展史上，起飞阶段以前，主导产业部门是食品、烟草、水泥等部门，在起飞阶段是纺织工业，在向成熟推进阶段是重工业和制造业，在大规模消费阶段是汽车工业，在追求生活质量阶段是环保、旅游、教育等服务业部门。

从马克思主义经济发展理论看，“发展是解决一切问题的基础和关键”，发展的理论和实践是相互指导和检验的，也是不断深化和升华的。随着社会主要矛盾的变化，中国特色社会主义经济发展实践也随之进入新阶段，与之相适应的经济发展指导理论也推陈出新。经济高质量发展是中国共产党在长期探索中国特色社会主义经济发展规律中经济思想和经济理论的最新成果和重大创新（田秋生，2018；张涛，2020；张占斌、毕照卿，2022），新质生产力作为经济高质量发展的关键着力点，是马克思主义政治经济学和马克思主义生产力理论的范畴创新和术语革命（刘伟，2024；任保平，2024；方敏、杨虎涛，2024；孟捷和韩文龙，2024；中国社会科学院经济研究所课题组，2024）。

2.3 经济高质量发展内涵界定分析

2.3.1 经济高质量发展与经济增长质量的联系与区别

在现有的西方经济学理论中，主流经济增长理论长期持续关注经济增长的动力和源泉问题，经济发展理论的研究外延又非常广泛，而经济增长质量关注经济增长量与质的统一，注重经济增长量变过程中蕴含的“质”（叶初升、李慧，2014），即一方面以经济增长数量为基础，另一方面又涉及经济发展理论方面的内容，在关注数量的同时，更加关注经济增长的结果和前景（任保平，2013），从而促进了经济增长理论与经济发展理论的融合（张继海、李发毅，2014）。

在马克思主义政治经济学中，从商品质量角度来看，认为当经济处于高速增长阶段时，该阶段的经济形式可表示为货币—商品—货币（G—W—G），并且物质主义是此阶段全社会的总体倾向，当经济发展转向高质量发展阶段，产品自身的质量才是交易双方关注的重点。从扩大再生产方式看，当经济处于高速增长阶段时多采取外延型扩大再生产方式，而当经济转向高质量发展阶段时，更强调采用内涵型扩大再生产方式。

综上所述，第一，均强调经济增长不能一味追求数量和规模的增长，更要注重经济结构、效率、效益等方面的改善和发展是经济增长质量与经济高质量发展的共同之处（马茹等，2019）。两者的不同之处在于经济增长质量是对经济增长数量的补充，是经济增长的另一面，其与经济增长数量一起构成了经济增长的全部，是对经济增长“质量”方面的反映和评价，不具备时代特征。

第二，经济高质量发展是自改革开放以来历经多年经济高速增长之后对我国经济发展阶段的变化以及当前所处关口的重大判断和战略选择，其内涵更加丰富，且相较于经济增长质量具有更加鲜明的时代特征和属性。

第三，无论是微观经济学，还是宏观经济学中的理论和模型基本都假设产品具有同质性，即抽象掉或忽略质量差异是西方经济学分析框架的共同点。因此，分析中国经济高质量发展的内涵应从马克思主义政治经济学角度分析，不能将经济高质量发展与西方经济学中的经济增长质量等同起来，用单个指标（如劳动生产率、全要素生产率等）度量经济高质量发展水平，而应用马克思主义政治经济学来分析和解释经济高质量发展的内涵。

2.3.2　经济高质量发展的内涵

基于现有的关于经济高质量发展的内涵与测度的研究，本书认为新发展理念是经济发展的先导，但不是经济高质量发展的全部内涵。经济高质量发展的落脚点是发展，而发展的内涵是具有鲜明时代属性和历史烙印的（王晓慧，2019）。经济高质量发展是中国经济发展实践和经济发展理论演进的结果，是一个具有时代属性的动态发展过程，会随着生产力和经济社会发展水平的变化而延伸出新的内容，是在新阶段下对发展目标、发展理念、发展方式和发展战略的全面更新。故其内涵必须基于新时代我国社会主要矛盾变化所带来的新特征和新要求。

新时代下，虽然中国经济转向了高质量发展阶段，但不能一味地认为以前的发展就是低质量的，从高速增长到高质量发展符合量变到质变的规律。中国从贫穷落后的农业大国发展到世界第二大经济体，能够取得这瞩目的成绩，说明指导经济发展的理论是正确的，但根据中国发展阶段、环境以及内外部条件变化，中国经济要进一步发展，迫切需要坚持以供给侧结构性改革为主线，推动经济发展质量变革、效率变革、动力变革，才能成功跨越转变发展方式、优化经济结构和转换增长动力的关口，从而实现更高质量、更有效率、更加公平、更可持续、更为安全的发展。

因此，在新时代背景下，基于经济高质量发展的历史、实践和理论逻辑分析，以及其与经济增长质量的联系与区别，本书认为经济高质量发展的内涵是多维的和动态的。一方面，其是发展理念、发展方式、发展目标和目的的多重统领和提升；另一方面，其既是一种发展状态，具有高科技、高效能、高质量的特征，是以新质生产力为支撑的经济发展质态，也是一种发展过程，是以产业深度转型升级和经济发展方式转变为基本特征的永久持续的动态过程。

第3章 产业转型升级对经济高质量发展的影响机制研究

产业结构转型升级是新阶段加快推动发展方式转变，推进新型工业化，建设现代化产业体系，推动经济高质量发展的必经之路和内在要求。本书第 1 章和第 2 章分别阐述和分析了产业转型升级与经济高质量发展的内涵与理论基础。本章则在梳理产业转型升级对经济高质量发展影响的相关研究基础上，将结合传统经济增长理论、最优经济增长理论、结构主义经济增长理论及经济发展理论，系统地梳理和阐述产业转型升级对经济高质量发展影响机制与路径，以期丰富和完善经济高质量发展的理论。

3.1 研究动态与评述

产业转型升级的目的是优化产业结构，从而促进经济持续快速发展。早期库兹涅茨的总量高速增长引致产业结构快速变迁的观点与罗斯托的产业结构状态的转换引起经济总量增长的观点看似相互对立，但实际上两者并不矛盾，只是在一国经济发展的不同阶段，总量矛盾与结构矛盾的地位不同。目前，关于产业转型升级对经济高质量发展影响的文献主要集中于两部门及多部门增长框架下产业结构转型升级的动力机制研究和产业转型升级对经济增长的影响效应研究，后者主要利用最优经济增长理论中的大道定理、计量经济模型，探讨产业结构变迁对经济增长或生产效率的影响（见表 3–1）。

表 3-1　产业转型升级对经济高质量发展影响的相关研究

研究问题	研究视角	主要研究内容	代表文献
产业结构变迁与经济增长	产业结构变迁的动力机制	两部门模型框架下的产业结构变迁：服务业成本病、结构性减速	Baumol and Bowen，1965；Baumol，2001；Peneder，2003；Ngai and Pissarides，2007；Duarte and Restuccia，2010；Eberhardt and Teal，2013；Moro，2015；袁富华，2012；吕健，2012；李钢，2013；宋建、郑江淮，2017；韩英、马立平，2020
		多部门模型框架下的产业结构变迁	Boppart，2014；Comin et al.，2019；Alder et al.，2022；Ngai and Pissarides，2007；Acemoglu and Guerrieri，2008；徐朝阳，2010；Alvarez-Cuadralo et al.，2017；徐朝阳、王韡，2021；Herrendorf et al.，2013；张建华等，2023；Buera and Kaboski，2009；Brandt et al.，2013；郭凯明等，2017；徐朝阳等，2020；刘征驰等，2024
	产业结构变迁对经济增长的影响效应	最优经济增长理论下的产业结构变迁对经济增长的影响分析	胡晓鹏，2003；李博、胡进，2008；薛白，2009；龚唯平、赵今朝，2010；肖兴志等，2012
		产业结构变迁对经济增长以及生产率增长影响的计量分析	干春晖等，2011；于斌斌，2015；韩永辉等，2016；李玉梅，2017；孙湘湘、周小亮，2018

资料来源：笔者整理。

3.1.1　两部门及多部门增长模型下的产业转型升级动力机制研究

3.1.1.1　两部门增长模型下的产业转型升级动力机制研究

自 20 世纪 30 年代以来，产业结构变迁（转型）就备受关注，在早期探讨产业结构变迁的典型事实——“克拉克定理”、“库兹涅茨事实”和“后工业化事实”（Clark，1940；Kuznets，1973；Bell，1973）基础上，自 20 世纪 50 年代以后，学者开始建立两部门模型从供给侧分析产业结构变迁的动力机制，以二元经济模型（Lewis，1954）和非均衡增长模型（Baumol，1967）为代表，前者认为部门间不平衡的资本积累引致产业结构从农业向工业变迁，后者认为部门间不平衡的技术进步引致产业结构从工业向服务业演变。

具体来看，Baumol（1967）在 Baumol 和 Bowen（1965）提出“表演艺术成本病”的基础上，提出非均衡增长模型，将服务业看作技术停滞部门（Stagnant Sector），将工业看作技术进步部门（Progressive Sector），并认为由于技术进步部门的劳动力生产率增长迅速，技术停滞部门的劳动生产率增长停滞，在工业化向城市化转变的过程中，大量劳动力向服务业部门转移，从而导致总体经济增速回落，由此以“服务业成本病”解释发达国家 20 世纪 70 年代经济增速普遍下降的经济现象。随后 Baumol（1985）、Peneder（2003）、Ngai 和 Pissarides（2007）、Duarte 和 Restuccia（2010）、Eberhardt 和 Teal（2013），以及 Moro（2015）基于非均衡增长模型从多个角度验证和解释了产业结构服务化与经济增速的关系。

改革开放后，中国工业化进程经历了人口众多的大国工业化、长期快速推进的工业化、低成本出口导向的工业化、区域发展极不平衡的工业化等阶段，在 2012 年之后我国总体上进入工业化后期阶段（赵昌文等，2015），产业结构主要表现出了“一产不稳，二产不强，三产不大”的特征。为了探究产业结构变迁与经济增速变动的关系，袁富华（2012）根据 12 个工业化国家人均 GDP 增长率的长期趋势以及产业就业份额变迁趋势提出了“结构性减速”的经济增长特征，其认为是由于服务业劳动生产率增长缓慢，经济体的产业结构服务化导致了经济增速的下降，并指出中国的“结构性减速”与发达国家不同，可能会发生在收入水平较低的时期。借鉴此研究，吕健（2012）认为中国经济增长的“结构性加速”和“结构性减速”特征在东中西三个地区存在分化，东部地区已经进入“结构性减速”阶段，西部地区还处于“结构性加速”阶段，中部地区则呈现“结构性加速”与“结构性减速”并存的增长特征；宋建和郑江淮（2017）证实了中国经济增长存在 Baumol–Bowen 效应和服务业之谜；李钢（2013）和赵昌文等（2015）分析了国民经济中服务业和工业的地位和作用，由此探讨了中国经济增长的动力产业。韩英和马立平（2020）以结构—效率—速度为逻辑框架，在深入分析“服务业成本病”与“结构性减速”形成机制的基础上，考察产业结构变迁与经济增长的关系。

综上所述，早期的两部门模型只能解释阶段性的产业结构变迁，而无法解释长期持续的结构转型过程，为此开启了从需求侧利用非位似偏好假设，解释由农业向工业再到服务业的结构转型过程（Gollin et al.，2002）。进一步地，有研究从供需两侧即同时基于偏好和技术解释产业结构变迁（Echevarria，1997；Dennis and Iscan，2009；Duarte and Restuccia，2010）。以上关于非平衡增长路径下的产业结构变迁理论，只解释了“库兹涅茨事实”，但其肯定了结构转型对经济增长的影响，后期相关研究也论证了“结构性减速”观点（袁富华，2012；张建华、程文，2019；朱民等，2020；徐朝阳、张斌，2020；白雪洁等，2022）。

3.1.1.2　多部门增长模型下的产业转型升级动力机制研究

随着多部门动态一般均衡模型不断发展，其可以同时解释“库兹涅茨事实”和“卡尔多事实”，弥补了早期单一商品假设的加总经济模型无法考虑结构变化的缺点，而且将经济增长理论和经济结构转型理论统一起来。在平衡经济增长路径下，影响产业结构转型的主要因素被认为是偏好驱动的收入效应（Kongsamont，2001；Foellmi and Zweimueller，2008；Boppart，2014；Comin et al.，2021；Alder et al.，2022）和技术驱动的价格效应（Ngai and Pissarides，2007；Acemoglu and Guerrieri，2008；徐朝阳，2010；Alvarez-Cuadralo et al.，2017；徐朝阳、王韡，2021），但都认为产业结构转型不影响经济总量增长。

在此基础上，有研究探讨了技术和偏好共同驱动的结构转型动力机制（Herrendorf et al.，2013；Boppart，2014；Comin et al.，2021）；也有研究进一步考虑了国际贸易（Matsuyama, 2009；Uy et al., 2013；吴涵、郭凯明，2023；张建华等，2023）、投入—产出结构（Herrendorf et al.，2014）、投资率和消费率（颜色等，2018）、要素配置摩擦（Buera and Kaboski，2009；Brandt et al.，2013；郭凯明等，2017；徐朝阳等，2020），以及数字资本和数字技术（郭凯明，2019；刘征弛等，2024；田秀娟、李睿，2022）对产业结构转型的驱动机制。

3.1.2　产业结构变迁对经济增长的影响效应

在理论层面，关于最优经济增长理论下产业结构变迁对经济增长的影响，一些学者利用大道定理解释产业结构优化与经济增长的关系，认为经济增长的最优路径是伴随产业结构高级化和合理化过程而实现非均衡增长与均衡增长相互交替的过程，即经济增长与产业结构存在累积性、双向循环的联动作用（胡晓鹏, 2003；李博、胡进, 2008；薛白, 2009；龚唯平、赵今朝，2010；肖兴志等，2012）。

在实证方面，关于产业结构变迁对经济增长的计量分析，多数都基于面板数据模型来分析产业结构高度化和合理化对经济增长或生产效率的影响，如干春晖等（2011）认为产业结构高度化和合理化对经济增长的影响具有显著的阶段性特征，但二者影响关系的稳定性不同；于斌斌（2015）认为产业结构调整与全要素生产率提升对经济增长的影响因不同规模及经济发展阶段的城市而不同；韩永辉等（2016）及孙湘湘和周小亮（2018）分别探析了产业结构高度化和合理化对生态效率和经济增长的集约化水平的影响，前者认为产业高度化与合理化均对生态效率有正面效应，但其对地区的内外部影响不同，后者则认为服务业合理化对经济增长效率是正向影响，高度化对其是负向影响。此外，马洪福和郝寿义（2017）在测度产业转型升级水平的基础上，利用 Shift–Share 模型分析其对劳动生产率的影响，认为劳动生产率变化的主要因素是产业内效应；李玉梅（2017）利用马塞尔增长源分解模式构建模型，测度了中国的“逆库兹涅茨化”效应，由此探讨了产业结构质量与经济增速的关系。

3.1.3 相关研究的总结与拓展

现有相关研究在产业结构转型的动力机制和其对经济增长的影响效应分析方面做出了卓有成效的探索，奠定了坚实的研究基础，也为本书的相关研究提供了有益的借鉴和启发。

第一，对于产业结构转型升级的动力机制，基于多部门增长框架下的影响机制研究已经非常成熟和全面，但其过多强调对平衡增长的解释，从而不得对效用函数和部门生产函数进行严格假定，这对于发展中国家的适用性明显不足，而且不同机制对结构变化的影响效应大小也缺乏一致性的结论。

第二，关于产业结构变迁与经济增速影响的研究，无论是“服务业成本病”还是“结构性减速”，本质上都认为发展服务业与经济增长相悖，在新一轮科技革命和产业革命进程中，全球已进入服务经济时代，服务业将成为经济增长的新动力，从而争论服务业对经济增长的贡献能力已没有大的意义。由于服务业内部的行业部门生产率增长差异较大，服务业是否存在“成本病”不能一概而论，应从其细分行业的结构变化考察产业转型升级的水平。

第三，关于产业结构变迁与经济增长关系的研究，现有相关研究一方面利用最优增长理论从理论上探讨产业转型升级与经济增长的关系和路径，另一方面利用计量模型分别分析产业结构高度化与合理化对经济增速或生产率的影响。这两个方面的相关研究存在的不足之处有三点：首先，基于最优经济增长路径提出的产业结构演变最优路径很难符合实际情况；其次，现有研究只是探讨了产业结构转变对经济增长或生产效率的影响，鲜有分析产业转型升级对经济发展的影响；最后，这两个方面的研究实际上都把产业结构优化的高度化和合理化过程，割裂成两个独立过程来分析。基于此，本书通过构建一个产业转型升级水平的综合测度指标，以及测度经济高质量发展水平的综合评价体系，在此基础上，分析产业转型升级对经济高质量发展的影响作用。

3.2 最优经济增长路径下的影响机制分析

最优经济增长理论中的大道定理阐述了经济增长的最优路径，其认为在经济增长过程中，经济尽可能地保持均衡增长，随着技术进步，经济不断进入新的增长大道，即经济增长是经济均衡增长与非均衡增长相互交替的过程。

由于经济增长与结构转换并发，两者相互影响，根据大道定理，经济增长的最优路径是非均衡增长和均衡增长相互交替的过程，对应的产业结构演变是产业结构高度化和合理化的过程（李博、胡进；2008），从而可以借鉴大道定理来解释产业结构演变的最优路径，以及其与经济增长路径的联动关系。

他们认为经济增长的最优路径是伴随产业结构高级化和合理化过程而实现非均衡增长与均衡增长相互交替的过程。在某一时期，经济均衡增长，但由于出现了技术进步，使各产业间生产率不同或需求收入弹性不同，从而导致产业间发展速度出现差异，优势地位发生变换，此时经济处于非均衡增长状态。但由于国民经济的整个产业是相互关联的，单个产业不可能永远独自超前发展，发展慢的产业会抑制发展快的产业，而发展快的产业会带动发展慢的产业，直到产业结构自身调整使产业间摩擦减少，协调程度提高，产业增速趋同，此时经济增长达到新的均衡状态。此外，他们还强调，产业结构优化的最优路径应尽可能地遵循均衡增长路径，充分发挥产业结构协调效应，即在没有技术进步发生之前，产业保持原有的均衡路径协调发展，当技术进步将原有产业均衡发展状态打破时，产业结构应尽可能在瞬间转向新的均衡增长路径。

综上，若把产业结构优化过程置于经济增长框架中来分析产业结构演变路径，则经济增长与产业结构变动存在相互作用的联动效应，经济总量的扩张（经济增长）会使经济内部三次产业配比发生变动，从而使产业结构发生变动。反过来，由于各产业生产率不同，产业结构通过高级化和合理化过程又会促使经济增长，即经济增长和产业结构之间存在累积性、双向循环式的联动机制，产业结构调整作为外生介入手段和内生作用中介，对经济增长方式转变有重要影响。

该理论的贡献是将传统经济增长理论和结构主义增长理论结合起来，解释了产业结构变动与经济增长的双向影响机制，但该理论认为产业结构高度化对应经济增长的非均衡过程（弯曲大道），其作用是通过产业间技术结构的提升来提高经济的潜在增长速度，而产业结构合理化对应经济增长的均衡过程，其作用是提高产业结构的协调程度，使经济的潜在增长速度尽可能地发挥出来。

最优经济增长路径下的产业转型升级理论存在的不足是，一方面，把产业结构优化的高度化和合理化过程，割裂成了两个独立过程；另一方面，其认为产业结构合理化能够迅速实现，从而使国民经济各产业均衡增长，但实际中经济处于非均衡增长是常态。因而，基于最优经济增长路径提出的产业结构演变最优路径也很难符合实际情况，其构建的产业结构优化水平测算指标只能在理想状态下成立，而实际经济数据很难支撑其理论。

3.3 结构主义增长理论下的影响机制分析

传统经济增长理论以竞争均衡为前提条件（经济制度有足够的灵活性，能够持续维持均衡价格，达到资源配置最优状态），认为经济增长主要是资本积累、劳动力增加和技术进步引致的，产业间生产要素的流动对经济增长无足轻重，即他们只肯定了劳动力、资本以及技术进步对经济增长的贡献，而将产业结构变动排除在经济增长的源泉之外。

结构主义观点则没有资源配置最优的假设前提，认为资本和劳动被不同部门使用，其收益或生产率是有差别的，资本和劳动从生产率较低部门向生产率较高部门转移会促进经济增长。结构主义虽然肯定了产业结构变动与经济增长的内在联系，但是对于经济增长的本质问题还存在争论：一方面，库兹涅茨认为总量的高速增长引致了消费者需求结构的快速变动，从而使产业结构快速演变，即经济增长是一个总量过程，产业结构变动只有在总量增长达到一定水平后才会发生；另一方面，罗斯托认为国民经济的增长是主导产业依次更替引致的。

罗斯托的经济发展阶段理论认为人类社会六个阶段出现依次更替的主要原因是主导部门的不断更替，但其也指出，随着经济的发展以及社会分工的深化，单个主导产业已不能有效带动整个经济发展，而需要一个由主导产业，以及与其具有较强后侧关联和旁侧关联的产业部门组成的主导产业综合体来带动整个经济的发展，这便是主导产业扩散效应理论的核心思想。此外，他还强调无论经济体处于何等发展阶段，主导产业以及其综合体的形成、发展和转换都是推动整个经济发展的根本因素和原动力。

主导产业是在经济增长中起主要作用的先导部门，其不但在国民经济中占有重要地位，而且能够实现技术创新和新技术的迅速应用，从而通过自身的发展带动其他产业的发展，而产业结构变动能够推动经济增长和发展，主要是由于产业结构效应在发挥作用，也可以说，主要是由于主导产业的结构效应在发挥作用。

主导产业的扩散效应是罗斯托在其著作《从起飞进入持续增长的经济学》中提出的，本质含义是指随着主导产业的不断成长，其对经济社会发展产生的影响作用。这一影响作用主要通过以下三种方式进行：

第一，回顾效应。在某个经济发展阶段，与之相适应的主导产业部门正处于高速增长时期，故其对原材料、机器设备等物质投入，工人、管理者等人力投入以及制度方面都会提出新的要求，而这些新的要求反过来会促进供应部门的技术改进和发展，从而使整个产业部门得到发展。因此，回顾效应是指主导部门增长对为其提供投入品的供应部门所产生的作用效果。

第二，旁侧效应。在现代的工业化进程中，主导产业的发展会造成其周围地区的经济和社会发生一系列变化，这种由于主导产业的成长使其能够在更广泛的方面推动工业化发展的影响作用就是主导产业的旁侧效应。

第三，前向效应。随着主导产业的发展，一方面，其会产生一种刺激力，从而激励新产业、新技术、新材料、新原料等的产生；另一方面，供给于其他产业的产品质量也会相应改善，这一作用效果成为主导产业的前向效应。

综上，无论经济体处于何等发展阶段，主导产业及其综合体的形成、发展和转换都是推动整个经济发展的根本因素和原动力。主导产业对经济增长或发展的作用主要表现：依靠技术进步，获得新的生产函数；形成持续高速增长的增长率；具有较强的扩散效应，依靠扩散效应对其他产业产生决定性的影响。这些作用使经济发展随着主导产业的不断更替而不断向前推进。

基于此，本书认为在现实的经济实践活动中，经济系统的竞争均衡状态是很难达到的，经济体要寻求经济增长或经济发展，则必须将产业结构的变动调整考虑在内。此外，无论是总量高速增长引致产业结构变迁，还是产业结构快速更替引致经济高速增长，这两个看似矛盾的观点实际上并不矛盾，只是在一国经济发展的不同阶段，总量矛盾与结构矛盾的地位不同。我国在改革开放初期，迫切需要快速建设经济，在经过多年的高速增长和累积后，当前我国经济发展呈现增速放缓，结构性矛盾突出的主要特征。因此，本书认为罗斯托的经济发展阶段理论更能合理地解释我国在经济高质量发展阶段下产业转型升级对经济发展的影响。

3.4 产业转型升级对经济高质量发展影响的主要路径

经济转型是经济体在一定时期内经济体制和经济结构发生根本性变化的过程。经济转型的根本目的：转变经济增长方式，以寻求经济增长；转变经济发展方式，以实现经济发展，而且其中的经济发展方式是否转变也是衡量经济转型成功与否的标准。

产业结构在一定程度上决定了经济增长的方式，改革开放 40 多年来，我国经济发展经历了从体制转型到结构转型，当前阶段我国经济的内部结构性矛盾较为严重，尤其是产业结构不合理、不高级的供给侧结构性问题最为凸显，因此，迫切需要通过产业转型升级来促进经济发展方式转变，从而推动经济高质量发展。

根据罗斯托的主导产业扩散效应理论，其强调无论经济体处于何等发展阶段，主导产业及其综合体的形成、发展和转换都是推动整个经济发展的根本因素和原动力，并且其认为主导产业选择应依据产业间供给和需求的联系程度确定，即应选择联系效应大的产业作为主导产业。

与之类似的是以赫希曼的《经济发展战略》为代表的不平衡增长理论，该理论认为发展中国家应该将有限的资本和资源集中于一部分产业，通过这部分产业的发展来带动其他产业的发展。那么，如何在国民经济部门中选择优先投资和发展的产业，联系效应理论认为国民经济的各产业间存在广泛、复杂的关联关系，如果一个产业在生产、技术及产值等方面发生变化，其就会通过产业间的前向关联关系和后向关联关系，直接或间接地影响到该部门的前向关联部门或后向关联部门，从而影响到整个国民经济的运行，进而其认为发展中国家应该将有限的资本投向关联效应大的产业。

综上，产业转型升级对经济高质量发展影响的路径主要是通过主导产业综合体的变迁来推动经济发展，而且如果国民经济的各产业间的关联水平越高，经济发展就会随着主导产业的发展和转换而不断发展，即产业结构是作为外生介入手段和内生作用中介对经济发展产生重要影响的。

需要指出的是，由于每个经济体处在不同的经济总量水平下，其就会对应不同的经济结构类型，产业结构的不断优化虽然会使经济不断发展，但是产业结构对经济发展的推动作用可能随着经济社会的发展存在动态性和差异性，如随着改革进程的不断深化，经济体制的市场化程度的逐渐提高，产业调整对经济发展的影响作用可能会逐渐减弱。

3.5　本章小结

本章以经济高质量发展及产业转型升级对经济高质量发展的影响机制为框架，对产业转型升级与经济高质量发展的基础理论进行了系统的梳理。

第一，经济高质量发展是由我国经济社会发展的历史、实践和理论逻辑共同决定的。本章在阐释其逻辑框架与内涵的基础上，指出经济高质量发展的内涵是多维的和动态的。一方面，经济高质量发展是发展理念、发展方式、发展目标和目的的多重统领和提升；另一方面，经济高质量发展既是一种发展状态，具有高科技、高效能、高质量特征，是以新质生产力为支撑的经济发展质态，也是一种发展过程，是以产业深度转型升级和经济发展方式转变为基本特征的永久持续的动态过程。

第二，基于最优经济增长理论和结构主义经济增长理论，分析了产业转型升级对经济高质量发展影响的机制，本书认为产业转型升级对经济高质量发展影响的路径主要是通过主导产业综合体的变迁来推动经济发展，而且如果国民经济的各产业间的关联水平越高，经济发展越会随着主导产业的发展和转换而不断发展，即产业结构是作为外生介入手段和内生作用中介对经济发展产生重要影响的。需要指出的是，由于每个经济体处在不同的经济总量水平下，其就会对应不同的经济结构类型，产业结构的不断优化虽然会使经济不断发展，但是产业结构对经济发展的推动作用可能随着经济社会的发展存在动态性和差异性，如随着改革进程的不断深化，经济体制的市场化程度的逐渐提高，产业调整对经济发展的影响作用可能会逐渐减弱。

第4章
产业转型升级水平的测度研究

在新的历史方位上，当前和今后一段时期我国确定发展思路、制定经济政策及实施宏观调控的根本要求是推动经济高质量发展，重要手段是促进产业转型升级。因此，测度产业转型升级的水平对于我国经济高质量发展具有丰富而深远的理论意义和现实意义。

产业转型升级的目的是优化产业结构，从而推动产业自身发展和经济发展，因此，产业转型升级水平的测度方法和指标可以借鉴产业结构优化理论来进行构建。产业结构优化从纵向看，主要表现为产业结构由低级向高级的高度化过程；从横向看，主要表现为产业间结构的合理化过程。

关于产业结构高度化测度指标，现有文献多从三次产业的产值和就业份额层面构建，但在经济高质量发展阶段下，产业转型升级应更加注重产业质量和效率的提升，而不仅仅是产业份额的转移。此外，现有的测度指标还忽略了三次产业内部细分产业的差异。关于现有的产业结构合理化的两个主要测度指标，其都基于均衡思想，将总体平均水平作为参考标准，测度各产业部门劳动生产率偏离总体平均劳动生产率的程度来衡量产业结构的合理化，一方面，这会造成各产业与总体平均水平接近则该地区产业合理化水平高，各产业高于总体平均水平则产业结构不合理的论断；另一方面，结构主义增长观点本来就否定竞争均衡的假设，其肯定产业间生产率的差异，从而现有的产业结构合理化指标的构建思想与应用在理论方面就是矛盾的。

基于此，本章在探析中国产业结构演变现状的基础上，以产业结构高度化和合理化为框架，并从产业的结构比例、生产效率、生产效益及融合程度四个维度，详细地考察了中国三次产业及其内部产业的变迁状况。需要指出的是，产业结构优化虽然表现为高度化和合理化两个方面，但二者理论上是融为一体的，现有文献大多将二者割裂开来，从而缺乏一个统一的产业结构发展水平测度指标。为此，本章在产业结构高度化和合理化测度的基础上，试图构建一个测度产业转型升级水平的综合测度指标，以期全面、统一地测度中国经济发展过程中的产业转型升级水平。

4.1 产业结构演变现状

4.1.1 产业产值比重的变迁

表 4–1 展示了 2005~2022 年中国各门类行业及三次产业的产值比重变化情况。

表 4–1 2005~2022 年中国各门类行业及三次产业的产值比重变化情况 单位：%

行业	2005 年	2006 年	2007 年	2008 年	2009 年	2010 年	2011 年	2012 年	2013 年
A	12.24	11.34	11.13	10.73	10.33	10.10	10.04	10.08	9.57
B	5.63	5.70	5.23	6.25	4.91	5.21	5.75	5.21	4.28
C	32.81	33.60	33.99	32.65	32.30	32.46	31.83	31.06	30.55
D	3.71	3.78	3.73	2.58	2.46	2.36	2.25	2.17	2.52
E	5.53	5.59	5.54	5.97	6.57	6.64	6.75	6.83	6.87
F	7.39	7.30	7.33	8.34	8.50	8.90	9.18	9.51	9.46
G	5.91	5.89	5.75	5.21	4.91	4.77	4.74	4.75	4.38
H	2.29	2.26	2.16	2.11	2.09	2.01	1.94	2.01	1.72
I	2.60	2.51	2.33	2.50	2.39	2.21	2.07	2.11	2.31
J	3.44	4.01	5.18	4.73	5.21	5.23	5.28	5.53	6.92
K	4.50	4.56	4.77	4.69	5.47	5.67	5.66	5.65	6.05
L	1.59	1.55	1.47	1.79	1.82	1.94	1.99	2.09	2.24
M	1.12	1.14	1.14	1.27	1.39	1.40	1.47	1.59	1.85
N	0.46	0.45	0.43	0.40	0.43	0.44	0.43	0.46	0.51

续表

行业	2005 年	2006 年	2007 年	2008 年	2009 年	2010 年	2011 年	2012 年	2013 年
O	1.71	1.67	1.55	1.47	1.55	1.52	1.54	1.55	1.45
P	3.09	2.92	2.83	2.83	3.07	3.00	3.05	3.13	3.18
Q	1.60	1.51	1.48	1.47	1.49	1.49	1.58	1.73	1.85
R	0.65	0.63	0.59	0.61	0.65	0.62	0.64	0.66	0.65
S	3.73	3.59	3.36	4.39	4.45	4.04	3.81	3.87	3.64
一产	12.24	11.34	11.13	10.73	10.33	10.10	10.04	10.08	9.57
二产	47.68	48.68	48.50	47.45	46.24	46.67	46.59	45.27	44.22
三产	40.08	39.98	40.37	41.82	43.43	43.24	43.37	44.65	46.21
行业	2014 年	2015 年	2016 年	2017 年	2018 年	2019 年	2020 年	2021 年	2022 年
A	9.34	9.13	8.87	7.88	7.50	7.46	8.03	7.57	7.68
B	3.64	2.77	2.46	2.50	2.56	2.40	2.17	3.01	3.03
C	30.38	29.38	28.82	29.32	29.29	26.77	26.29	27.55	27.72
D	2.30	2.17	2.06	2.10	2.05	2.44	2.41	2.04	2.05
E	6.97	6.77	6.68	6.74	6.87	7.16	7.15	6.85	6.70
F	9.69	9.61	9.59	9.46	9.35	9.70	9.48	9.58	9.65
G	4.43	4.42	4.45	4.53	4.50	4.30	4.00	4.21	4.24
H	1.73	1.76	1.80	1.79	1.78	1.81	1.51	1.57	1.47
I	2.48	2.69	2.95	3.03	3.31	3.38	3.77	3.87	3.96
J	7.25	8.40	8.22	7.97	7.68	7.73	8.25	7.86	7.74
K	5.90	6.05	6.48	6.58	6.65	7.14	7.24	6.72	6.12
L	2.37	2.48	2.62	2.69	2.75	3.31	3.20	3.26	3.34
M	1.90	1.96	1.96	2.02	2.03	2.29	2.38	2.45	2.51
N	0.54	0.56	0.57	0.59	0.60	0.59	0.58	0.53	0.54
O	1.51	1.58	1.72	1.77	1.85	1.72	1.61	1.61	1.64
P	3.29	3.52	3.60	3.70	3.75	3.85	3.96	3.82	3.91
Q	1.98	2.17	2.30	2.36	2.39	2.27	2.41	2.39	2.45
R	0.66	0.72	0.74	0.76	0.83	0.82	0.69	0.74	0.76

续表

行业	2005 年	2006 年	2007 年	2008 年	2009 年	2010 年	2011 年	2012 年	2013 年
S	3.65	3.86	4.12	4.24	4.27	4.84	4.86	4.37	4.48
一产	9.34	9.13	8.87	7.88	7.50	7.46	8.03	7.57	7.68
二产	43.28	41.09	40.02	40.65	40.76	38.77	38.02	39.44	39.50
三产	47.37	49.78	51.11	51.47	51.74	53.77	53.95	52.99	52.82

注：表中行业按照《国民经济行业分类》(GB/T 4754—2022)，各行业代码分别代表：A 农林牧渔业；B 采矿业；C 制造业；D 电力、热力、燃气及水生产和供应业；E 建筑业；F 批发和零售业；G 交通运输、仓储和邮政业；H 住宿和餐饮业；I 信息传输、软件和信息技术服务业；J 金融业；K 房地产业；L 租赁和商务服务业；M 科学研究和技术服务业；N 水利、环境和公共设施管理业；O 居民服务、修理和其他服务业；P 教育；Q 卫生和社会工作；R 文化、体育和娱乐业；S 公共管理、社会保障和社会组织。下文表中代码的意义与此相同。

资料来源：笔者整理。

从各门类产业产值比重的绝对水平来看，在考察期初，制造业的产值比重最大，达 32.81%，其次为农林牧渔业，其产值比重为 12.24%，其他各产业中，仅有 4 个产业的产值比重超 5.00%，从大到小依次为批发和零售业，交通运输、仓储和邮政业，采矿业及建筑业，剩余各产业的产值比重均不足 5.00%；在考察期末，制造业的产值比重仍然最大，但其下降到了 27.72%，次之分别为批发和零售业及金融业，产值比重分别为 9.65% 和 7.74%，而农林牧渔业的产值比重下降为 7.65%，其他产业中仅有建筑业和房地产业的产值比重超过了 5.00%。

从各门类产业产值比重的变动趋势来看，19 个门类行业中共有 6 个产业的产值比重总体在逐渐下降，其分别为农林牧渔业，采矿业，制造业，电力、热力、燃气及水生产和供应业，交通运输、仓储和邮政业以及住宿和餐饮业，其中下降幅度最大的为采矿业与电力、热力、燃气及水生产和供应业，其产值比重的降幅基本上为考察期初的一半。除此之外，其他的 13 个产业的产值比重总体在逐渐增大，其中产值比重增长幅度较大的产业是，金融业、科学研究和技术服务业增长为原来的 2.24 倍，租赁和商务服务业增长为原来的 2.10 倍，卫生和社会工作增长为原来的 1.53 倍，信息传输、软件和信息技术服务业增长为原来的 1.52 倍，房地产业增长为原来的 1.36 倍，建筑业，批发和零售业，教育，公共管理、社会保障和社会组织也都增长为原来的 1.2 倍以上。

从三次产业产值比重及变化情况来看，2005~2022 年，中国第一产业的产值比重在三次产业中最低，且呈逐年减小态势，在 2012 年以后其产值比重已不足 10.00%；第二产业的产值比重也在逐年下降，由考察期初的 47.68% 下降为 39.50%，这主要是采矿业、制造业以及电力、热力、燃气及水生产和供应业这三个工业行业的产值份额下降所致；第三产业的产值比重在逐年增大，并在 2012 年以后，取代第二产业成为中国国民经济的第一大产业，在考察期末，其产值比重达 52.82%。

4.1.2　产业就业比重的变迁

表 4–2 展示了 2005~2022 年中国各门类行业及三次产业的就业比重变化情况。

表 4–2　2005~2022 年中国各门类行业及三次产业的就业比重变化情况　单位：%

行业	2005 年	2006 年	2007 年	2008 年	2009 年	2010 年	2011 年	2012 年	2013 年
A	44.10	41.81	39.92	39.60	38.10	36.70	34.80	33.60	31.40
B	2.41	2.53	2.62	2.75	2.78	2.79	2.67	2.64	2.08
C	15.21	16.02	16.97	17.45	17.55	18.07	17.84	17.82	17.16
D	1.42	1.45	1.49	1.56	1.55	1.54	1.46	1.44	1.32
E	4.39	4.73	5.15	5.45	5.92	6.30	7.53	8.40	9.54
F	2.80	2.67	2.57	2.66	2.66	2.68	3.17	3.36	3.99
G	3.16	3.17	3.16	3.24	3.24	3.17	3.24	3.15	3.79
H	0.93	0.95	0.94	1.00	1.03	1.05	1.19	1.25	1.36
I	0.67	0.72	0.76	0.82	0.89	0.93	1.04	1.05	1.47
J	1.85	1.90	1.98	2.16	2.30	2.36	2.47	2.49	2.41
K	0.75	0.80	0.85	0.89	0.98	1.06	1.22	1.29	1.67
L	1.12	1.23	1.25	1.42	1.49	1.56	1.40	1.38	1.89
M	1.17	1.22	1.24	1.33	1.39	1.47	1.46	1.56	1.74
N	0.93	0.97	0.98	1.02	1.05	1.10	1.13	1.15	1.16
O	0.28	0.29	0.29	0.29	0.30	0.30	0.29	0.29	0.32
P	7.63	7.79	7.72	7.92	7.93	7.93	7.92	7.80	7.56
Q	2.62	2.72	2.76	2.91	3.05	3.17	3.32	3.39	3.45
R	0.63	0.63	0.63	0.65	0.66	0.66	0.66	0.65	0.66

续表

行业	2005 年	2006 年	2007 年	2008 年	2009 年	2010 年	2011 年	2012 年	2013 年
S	6.38	6.55	6.56	6.89	7.13	7.16	7.18	7.27	7.02
一产	44.10	41.81	39.92	39.60	38.10	36.70	34.80	33.60	31.40
二产	23.43	24.73	26.22	27.20	27.80	28.70	29.50	30.30	30.10
三产	30.91	31.60	31.70	33.20	34.10	34.60	35.70	36.10	38.50
行业	2014 年	2015 年	2016 年	2017 年	2018 年	2019 年	2020 年	2021 年	2022 年
A	29.50	28.30	27.70	26.98	25.75	24.72	23.60	22.87	24.08
B	1.95	1.82	1.66	1.58	1.52	1.51	1.51	1.54	1.56
C	17.11	16.86	16.59	16.06	15.35	15.76	16.32	17.06	17.10
D	1.32	1.32	1.31	1.31	1.36	1.53	1.63	1.70	1.72
E	9.53	9.30	9.24	9.16	9.96	9.34	9.24	8.79	8.40
F	4.09	4.17	4.17	4.08	4.04	3.84	3.66	3.68	3.58
G	3.96	4.03	4.05	4.09	4.02	3.77	3.78	3.69	3.54
H	1.33	1.30	1.29	1.29	1.32	1.23	1.19	1.23	1.16
I	1.55	1.65	1.74	1.91	2.08	2.11	2.26	2.40	2.41
J	2.60	2.86	3.17	3.33	3.43	3.82	3.99	3.78	3.37
K	1.85	1.97	2.06	2.15	2.29	2.36	2.44	2.45	2.33
L	2.07	2.24	2.33	2.53	2.60	3.06	2.99	3.14	3.37
M	1.88	1.94	2.00	2.04	2.02	2.01	2.00	2.08	2.08
N	1.24	1.29	1.28	1.30	1.28	1.13	1.14	1.17	1.16
O	0.35	0.35	0.36	0.38	0.38	0.40	0.38	0.40	0.41
P	7.94	8.19	8.24	8.38	8.51	8.84	9.10	9.11	8.90
Q	3.73	3.97	4.13	4.35	4.47	4.66	4.89	5.06	5.09
R	0.67	0.70	0.72	0.74	0.72	0.70	0.69	0.70	0.67
S	7.35	7.73	7.97	8.35	8.91	9.21	9.17	9.17	9.06
一产	29.50	28.30	27.70	26.98	25.75	24.72	23.60	22.87	24.08
二产	29.90	29.30	28.80	28.11	28.18	28.14	28.70	29.08	28.77
三产	40.60	42.40	43.50	44.91	46.07	47.13	47.70	48.05	47.15

注：表中各行业代码的含义同表 4-1。

资料来源：笔者整理。

从各门类产业就业比重的绝对水平来看，在考察期初，农林牧渔业的就业比重最大，达 44.10%，占据着我国就业总人口的半壁江山，其次为制造业，就业比重为 15.21%，在其他各产业中，仅有 2 个产业的就业比重超 5.00%，分别为教育以及公共管理、社会保障和社会组织，剩余各产业的就业比重均不足 5.00%；在考察期末，农林牧渔业的就业比重仍然最大（就业比重为 24.08%），次之的产业同样还是制造业，其就业比重为 17.10%。其他各产业中，公共管理、社会保障和社会组织，教育及建筑业的就业比重分别为 9.06%、8.90% 和 8.40%，成为除农林牧渔业和制造业外的三大就业承载产业。

从各门类产业就业比重的变动趋势来看，19 个门类产业中仅有 2 个产业的就业比重在逐渐下降，分别为农林牧渔业和采矿业，减少为原来的 0.55 倍和 0.65 倍，接近考察期初的一半。建筑业，批发和零售业，交通运输、仓储和邮政业，住宿和餐饮业，水利、环境和公共设施管理业的就业比重呈现先增后降态势。制造业与电力、热力、燃气及水生产和供应业的就业比重在 2011 年和 2018 年两个时间节点，呈先增后降再增的变动趋势，相较于考察期初就业比重分别增长为原来的 1.12 倍和 1.21 倍。除此之外，其他的 10 个产业的就业比重都在逐渐增大，其中信息传输、软件和信息技术服务业及房地产业的就业比重分别增长为原来的 3.60 倍和 3.11 倍，租赁和商务服务业以及卫生和社会工作的就业比重分别增长为原来的 3.00 倍和 1.94 倍，金融业、科学研究和技术服务业的就业比重分别增长为原来的 1.82 倍和 1.78 倍。

从三次产业就业比重及变化情况看，2005~2022 年，中国第一产业的就业比重在考察期初是三次产业中最高的，达 44.10%，但其呈逐年减小态势，在考察期末成为三次产业中就业比重最低的产业，降为 24.08%；第二产业的就业比重在考察期初是三次产业中最低的，仅为 23.43%，随着工业化不断推进，其就业比重在逐年缓慢上升，但在 2013 年以后，就业比重又逐渐下降，在 2022 年达 28.77%。第三产业的就业比重总体上呈逐年上升趋势，并在 2011 年取代第一产业成为中国国民经济就业承载的第一大产业。结合各产业的产值比重，第一产业约十分之一的产值份额却承载了约四分之一的就业份额，第二产业约 30.00% 的就业份额贡献了 40.00% 的产值份额，第三产业产值份额和就业份额基本对等。为此，当前阶段保持第二产业比重尤其制造业比重基本稳定对于宏观经济发展运行尤为重要。

4.2 产业结构高度化水平

产业结构高度化的本质是创新引致的产业间优势地位更替的动态过程，因此可以从产业优势地位的变迁去衡量产业结构高度化的水平，但产业结构高度化的本质不应该仅是产业间份额的转移，更应该是产业间产出比例关系的变迁，同时各产业劳动生产率得到提升，否则只能是“虚高度”。同时，产业转型升级不仅表现在三次产业主导地位的更替，而且表现在三次产业内部的转型升级。

在现有的相关研究中，对于产业结构高度化水平的测度，有些学者利用第三产业与第二产业产值之比衡量产业结构状态的高度化水平，有些学者利用产业结构超前系数、Moore 结构值、Lilien 指数等衡量产业结构变动的方向和速度。这些测度方法和指标在总体上的共同特点是仅利用产业的产值比例来测度产业结构高度化，而且多数研究也仅从三次产业层面分析了产业的演变过程。

新时代，以产业转型升级为重要途径来推动经济向高质量发展，必然要求提升产业的效率和效益。但是，现有的相关研究既忽略了产业在效率、效益方面的升级，也忽略了产业内部的差异和变动，故本书从结构、效率、效益三个方面考察产业优势地位的更替，即从产业的结构状态、效率和效益水平测度产业的高度化水平。

4.2.1 产业的结构状态

本章第一节，从三次产业及门类行业的产值比重和就业比重探析了我国的产业结构变迁状况，研究结果表明，我国国民经济呈现出由第二产业占优势地位向第三产业占优势地位的顺向更替，产业结构服务化趋势明显，基本符合经典的产业结构演变规律。因此，在三次产业的“结构”层面，我国国民经济已经呈现出较为明显的产业结构高度化特征。产业结构转型升级应该既要测度水平方向上产业间总体的演变状态，也要注重测度垂直方向上即三次产业内部的演变状态。本节将从制造业和服务业内部探析产业转型升级的“结构”状态。

4.2.1.1　制造业内部产业的产值比重结构

由表 4–1 中的数据推算可知，2005~2022 年，我国制造业在第二产业中的产值比重一直占有绝对优势，且其还在逐年上升（由 2005 年的 68.81% 上升到 2022 年的 70.18%）。因此，为进一步考察第二产业内部产业在结构维度的变动情况，本书直接分析制造业内部各类型产业的产值比重。

对于产业分类，按照产出实物形态的同质性，可将国民经济部门划分为三次产业部门，按照产业投资劳动、资本和技术的强度，可将国民经济部门划分为劳动密集型、资本密集型和技术密集型的产业部门，但这两种产业分类方式都没有从技术和创新的角度去考虑。新时代，增强创新对经济发展的驱动和引领作用，才能实现新旧动能转换，促进产业转型升级，从而推动经济高质量发展。此外，王家庭等（2019）指出我国制造业中细分行业在劳动生产率、技术驱动和资本驱动等方面存在较为明显的差异。

因此，考虑到制造业细分行业间的技术和创新活动差异，本书参考 Pavitt（1984）和周大鹏（2013）的做法，从技术传递轨迹将制造业分为供应商主导型、规模经济型、专业制造型和科技主导型，来考察制造业内部产业的产值比重变迁情况，其具体结果如图 4–1 所示。

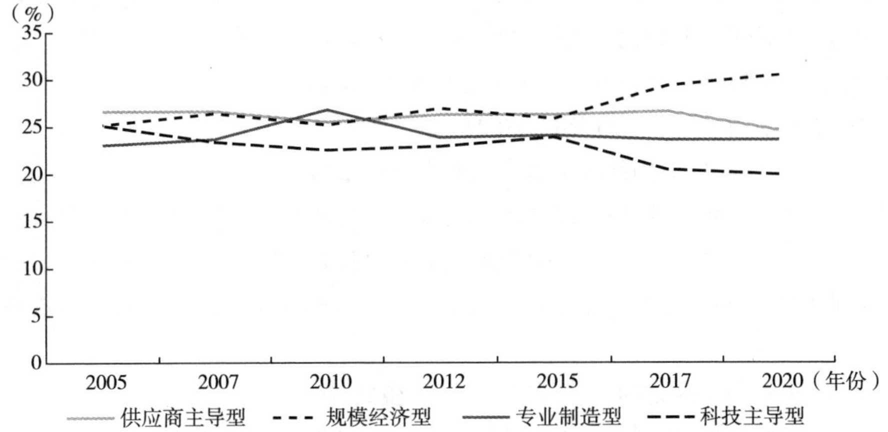

图 4–1　2005 ~ 2020 年中国制造业内部产业产值比重

资料来源：各类型产业的产值比重，由 2005 ~ 2020 年中国投入产出表中的相关数据计算得到，图 4–1 中各指标的具体数值见附表 A–2。

依据 Pavitt（1984）的产业分类方法，将制造业分为供应商主导型、规模经济型、专业制造型和科技主导型四种类型，其各自主要的活动：产品制造等；原材料生产与装配等；机械装备、设备、仪表制造等；化学品和电子设备制造等。对照《国民经济行业分类》（GB/T 4754—2022），并参考周大鹏（2013）的做法，本书将食品制造及烟草加工业，纺织业，服装皮革羽绒及其制品业，木材加工及家具制造业，石油加工、炼焦及核燃料加工业划为第一类；将造纸印刷及文教用品制造业、非金属矿物制品业、金属冶炼及压延加工业、金属制品业划为第二类；将通用、专用设备制造业，交通运输设备制造业，电气、机械及器材制造业，仪器仪表及文化办公用机械制造业划为第三类；将化学工业，通信设备、计算机及其他电子设备制造业划为第四类。

从各类型制造业产值比重的绝对水平看，4 种细分类型的制造业的产值比重分布相对比较均匀，其中供应商主导型和规模经济型制造业的产值比重相对较大，而专业制造型和科技主导型制造业的产值比重相对较小。

从各类型制造业产值比重的时期特征看，2005~2020 年，供应商主导型制造业的产值比重持续稳定在 26.00% 左右；规模经济型制造业的产值比重在前期也基本保持稳定，但在 2015 年后，其产值比重出现较大幅度提升，由 2015 年的 25.85% 上升到 2020 年的 30.87%；专业型制造业可能受国际金融危机后国家大规模投资刺激政策的影响，其产值比重在 2010 年有较大幅度提升，之后基本稳定在 24.00% 左右；科技主导型制造业产值比重一直较低，且其在 2015 年之后还出现了较大幅度的下降，由 2015 年的 23.88% 下降到 2020 年的 20.21%。

综上，从制造业内部各类型产业的产值比重结构看，一方面，我国制造业的产值比重变动幅度较小，即在产业发展的结构维度，制造业的产业结构高度化水平还不够；另一方面，我国制造业中劳动密集型和规模扩张型的制造业仍然占据优势地位，这在一定程度上拉低了我国制造业整体的生产效率和效益。

4.2.1.2　服务业内部产业的产值比重结构

为了详细考察服务业内部产业结构变迁情况，本书根据国家相关标准将服务业分为生产性服务业、生活性服务业和公共服务业，其中生产性服务业和生活性服务业的划分参考《国民经济行业分类》（GB/T 4754—2022）及《生产性服务业统计分类（2019）》和《生活性服务业统计分类（2019）》标准来完成。以上服务业的两种分类没有将水利、环境和公共设施管理以及公共管理、社会保障和社会组织这两个门类行业划分在内，由于其主要提供公共服务，本书将其归类为公共服务业。

据悉，我国服务业中生产性服务业、生活性服务业和公共服务业，在这三类产业中，生产性服务业的产值比重最大，生活性服务业次之，公共服务业最小。[①] 因此，本书着重考察生产性服务业和生活性服务业内部的产业结构变迁情况（见图 4–2 和图 4–3）。

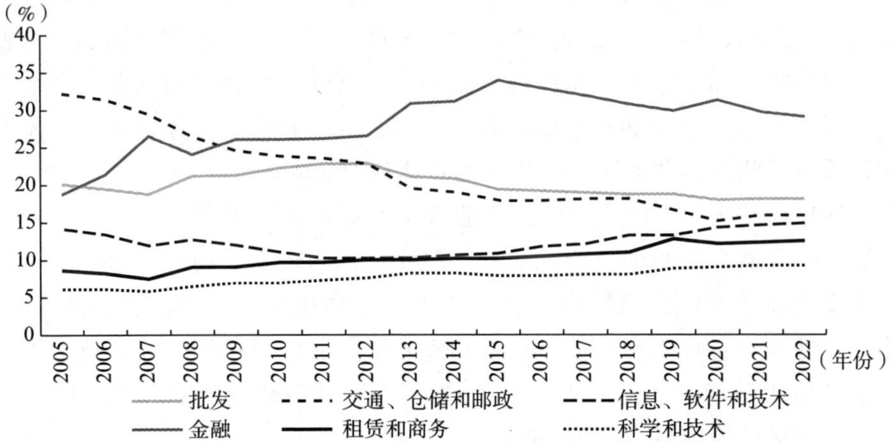

图 4–2　2005 ~ 2022 年生产性服务业内部细分产业的产值比重

资料来源：笔者整理。

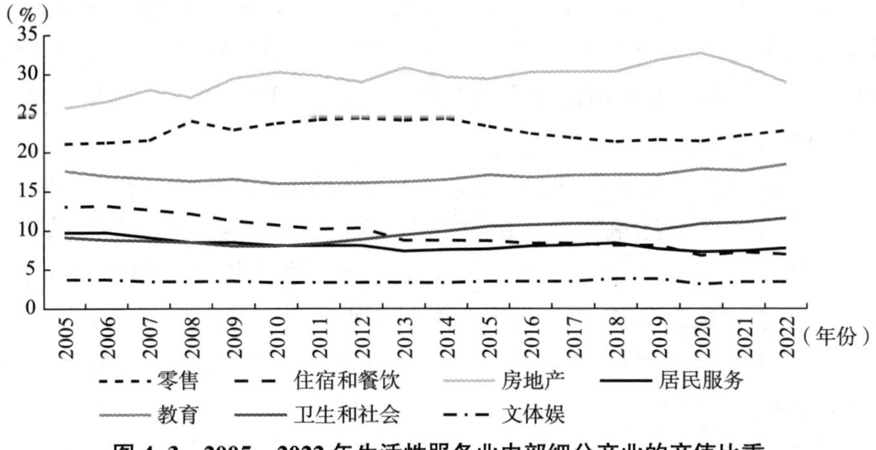

图 4–3　2005 ~ 2022 年生活性服务业内部细分产业的产值比重

资料来源：笔者整理。

① 2005~2018 年，中国生产性服务业、生活性服务业和公共服务业的产值比重数据见附表 A–3。

图 4–2 中为了保证图形的可视性和美观性，图例中各服务业的名称都进行了简写，同时考虑到数据的可获得性，以及在参考相关标准的基础上，本书将生产性服务业粗略地划分为：批发业，交通运输、仓储和邮政业，信息传输、软件和信息技术服务业，金融业，租赁和商务服务业，科学研究和技术服务业。此外，图 4–2 中各指标的具体数值见附表 4。

图 4–3 中为了保证图形的可视性和美观性，图例中各服务业的名称都进行了简写，同时考虑到数据的可获得性，以及在参考相关标准的基础上，本书将生活性服务业粗略地划分为：零售业，住宿和餐饮业，房地产业，居民服务、修理和其他服务业，教育，卫生和社会工作，文化、体育和娱乐业。此外，图 4–3 中各指标的具体数值见附表 4。

从生产性服务业的内部细分产业看（见图 4–2），总体上，批发业，交通运输、仓储和邮政业及金融业的产值比重相对较高，均在 15.00% 以上，其中金融业的产值比重最高，2012 年以后都高达 30.00% 以上；而信息传输、软件和信息技术服务业，租赁和商务服务业以及科学研究和技术服务业的产值比重相对较低，均在 15.00% 以下，其中科学研究和技术服务业产值比重最低，始终不足 10.00%。

从生产性服务业的内部细分产业各产业产值比重的时期特征看，金融业，信息传输、软件和信息技术服务业，租赁和商务服务业以及科学研究和技术服务业的产值比重整体上都在不断提升，其中金融业的产值比重提升幅度最大，由 2005 年的 18.75% 上升到 2022 年的 29.09% 左右，而交通运输、仓储和邮政业产值比重不断下降，由 2005 年的 32.21% 下降到 2022 年的 15.93%。

从生活性服务业内部细分产业看（见图 4–3），总体上，房地产业、零售业和教育的产值比重较大，在 15.00% 以上，其中房地产业的产值占比最大，基本在 25.00% 以上；而住宿和餐饮业，居民服务、修理和其他服务业，卫生和社会工作以及文化、体育和娱乐业的产值比重较小，均在 15.00% 以下，其中文化、体育和娱乐业占比最小，整体上各年的产值比重都不足 5%。

从生活性服务业内部细分产业各产业产值比重的时期特征看，房地产业的产值比重除在 2008 年有小幅下降外，整体上都在逐年上升，由 2005 年的 25.67% 上升到 2022 年的 28.91%；而住宿和餐饮业的产值比重均在逐年下降，由 2005 年的 13.06% 下降到 2022 年的 6.96% 左右；其他产业的产值比重整体上都没有太大变化。

综上，服务业产值比重的提升，主要是生产性服务业中的金融业及生活性服务业中的房地产业的产值比重大幅提升所致，由此，国民经济总体上虽然呈现明显的结构服务化特征，符合经典产业结构演变的规律，但这背后实际上是国民经济的“脱实向虚”造成的。

4.2.2　产业的效率水平

上文从三次产业及其内部产业结构状态的变迁，考察了产业结构高度化过程。基于产业结构演变理论，产业结构高度化在生产效率层面应该向着劳动生产率高的产业占优势地位而顺向演变。因此，接下来本书利用三次产业及其内部产业的劳动生产率，从产业的效率水平来考察我国产业结构高度化过程。

4.2.2.1　三次产业及内部产业的劳动生产率

从三次产业的劳动生产率看（见图 4–4），对于三次产业的劳动生产率的绝对水平，总体上，第二产业的劳动生产率最高，第三产业次之，而第一产业最低。对于三次产业劳动生产率的增长率，第一产业的劳动生产率增长最慢，且在 2016 年之后进一步降低，第二产业和第三产业的劳动生产率的增长率基本一致，但在 2016 年之后，第二产业的劳动生产率增速进一步加快。进一步，从第二产业中的制造业和第三产业中的生产性服务业、生活性服务业及公共服务业的劳动生产率看（见图 4–5），总体上，公共服务业劳动生产率的绝对水平和增长率都最低，生活性服务业次之，而生产性服务业与制造业最高，但在 2012 年之后，制造业的劳动生产率及其增速都明显高于生产性服务业。

综上所述，从三次产业看，产业结构高度化的结构状态与效率水平并不匹配，但从其内部细分产业看，二者基本匹配。由此进一步说明，第三产业内部产业的生产效率差异较大，生产性服务业的劳动生产率远高于生活性服务业和公共服务业，从而产业结构服务化的主体方向应是服务业生产化。为此，本书进一步分析了生产性服务业和生活性服务业内部细分产业的劳动生产率变动情况。

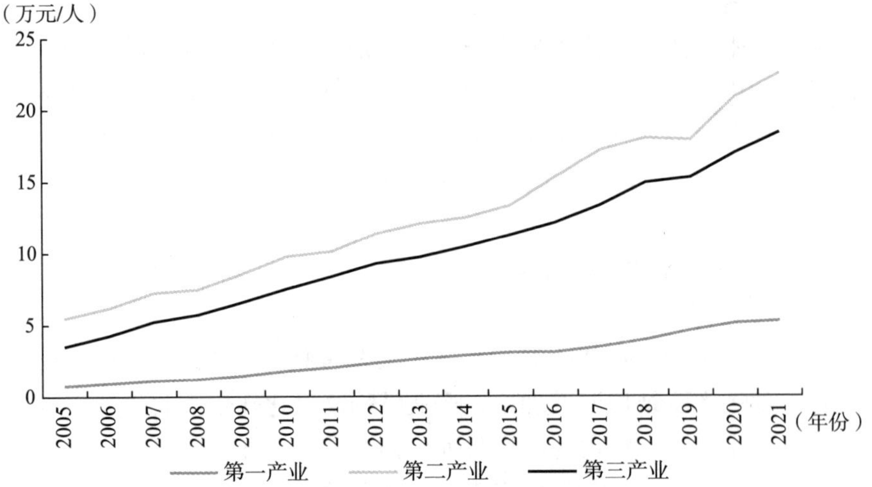

图 4–4 2005 ~ 2022 年中国三次产业的劳动生产率

资料来源：笔者整理。

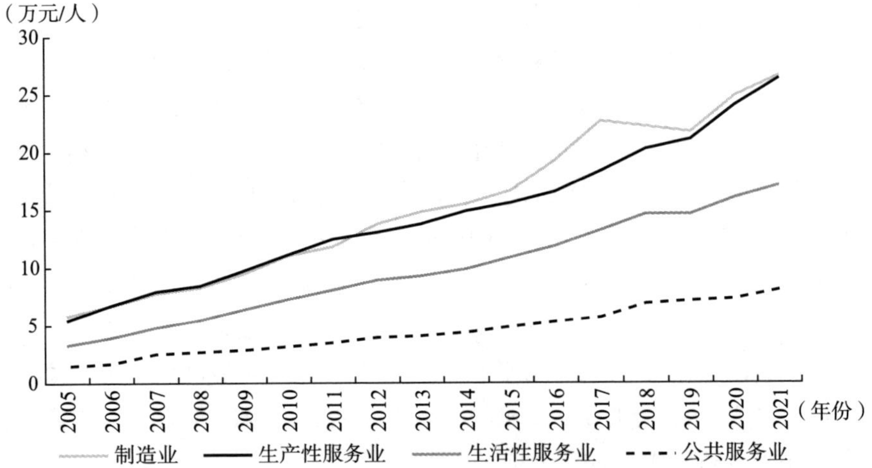

图 4–5 2005 ~ 2022 年中国各产业的劳动生产率

注：文中各产业的劳动生产率是各产业的增加值与其全社会从业人员数的比值，其中三次产业以及生产性服务业、生活性服务业和公共服务的划分同上文，且各指标的具体数值见附表 5。

资料来源：笔者整理。

4.2.2.2 生产性服务业内部产业的劳动生产率

从生产性服务业内部细分产业的劳动生产率看（见图 4–6），总体上，批发业、信息传输、软件和信息技术服务业及金融业的劳动生产率相对较高，其中批发业和金融业的劳动生产率的增长呈交错攀升态势，在2005~2012 年和 2018~2022 年两个阶段，批发业的劳动生产率显著高于金融业的劳动生产率，但在 2012~2018 年，两者反之，到 2022 年两者的劳动生产率分别高达 44.24 万元 / 人和 37.68 万元 / 人。相较于金融业和批发业，信息传输、软件和信息技术服务业的劳动生产率的增长在前期较为稳缓，但在 2013 年之后增长也较为强劲，在考察期末其劳动生产率达到 26.96 万元 / 人。交通运输、仓储和邮政业以及租赁和商务服务业的劳动生产率居中，但其整体也呈直线增长态势，由期初的不足 5 万元 / 每人，上升到考察期末的 19.81 万元 / 人，增长了 2 倍之多。劳动生产率较低的产业是科学研究和技术服务业，在考察期末其劳动生产率才略微超 5 万元 / 人。

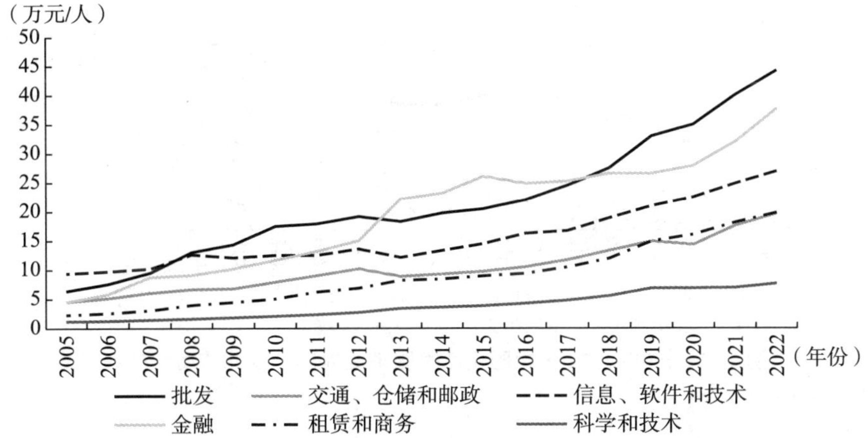

图 4–6　2005 ~ 2022 年中国生产性服务业内部产业的劳动生产率

注：图中各指标的具体数值见附表 6。

资料来源：笔者整理。

综上所述，从生产性服务业内部细分产业的效率水平看，劳动生产率高的产业一直是批发业和金融业，而科学研究和技术服务业的劳动生产率一直较低，在着重提升创新驱动经济发展的背景下，以及产业服务化的趋势下，我国应该大力提升科学研究和技术服务业的生产效率，从而才能抓住机遇，增强创新对经济发展的驱动和引领作用，最终实现新旧动能转换。

4.2.2.3　生活性服务业内部产业的劳动生产率

从生活性服务业内部细分产业的劳动生产率看（见图 4–7），总体上，居民服务、修理和其他服务业，房地产业及零售业的劳动生产率相对较高，其中房地产业的劳动生产率的增长在2012年之后有所减缓，到2022年房地产和零售业的劳动生产率均达到43.08万元/人。相较于房地产业，住宿和餐饮业及文化、体育和娱乐业的劳动生产率居中，且劳动生产率增长在前期较为稳缓，但在2014年之后增长也较为强劲，在考察期末两者的劳动生产率都超过18.58万元/人。教育及卫生和社会工作的劳动生产率较低，在考察期末其劳动生产率才达到7.91万元/人。

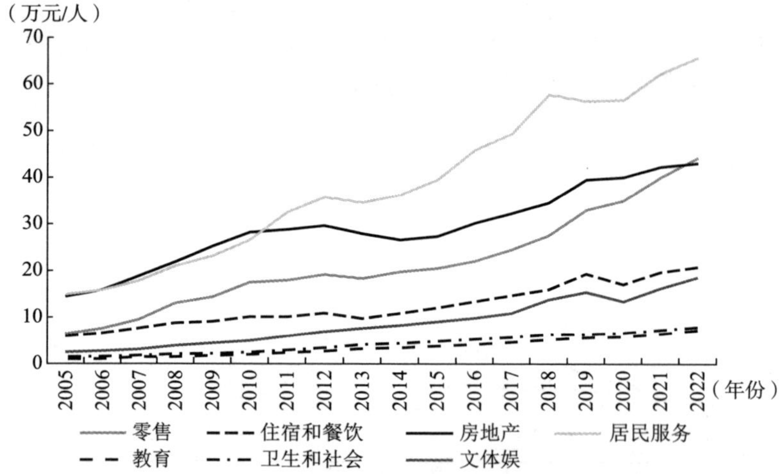

图 4-7　2005~2022 年中国生活性服务业内部产业的劳动生产率

资料来源：笔者整理。

4.2.3　产业的效益水平

上一小节我们通过对三次产业及其内部细分产业劳动生产率的分析，考察了产业结构高度化过程中产业的生产效率水平及其变动情况，但没有考虑产业的生产效益水平及其变动情况。接下来，我们将通过分析三次产业及其内部细分产业的附加值率（VA_j）[①] 来考察产业结构变迁中各产业生产效益的变动情况。

---

① 各产业的附加值率的计算公式为 $VA_j = V_j / X_j$，其中 V_j 和 X_j 的分别代表各产业的增加值和总投入，通常附加值率越大，产业的生产效益越好。

4.2.3.1　三次产业及其内部产业的附加值率

从三次产业的附加值率看（见图 4–8），2005~2020 年，中国第一产业的附加值率一直最高，其附加值率基本稳定在 0.58 左右；第三产业次之，其附加值率在经过一段快速上升后，较为稳定地保持在 0.53 左右；第二产业的附加值率最低，总体上都不足 0.25，且在前期还呈现进一步下降趋势，在 2015 年之后才出现回升。虽然刘瑞祥（2011）指出，随着国际和国内产业分工深化及产业结构变迁，各经济体都会不可避免的出现产业附加值率下降，但一国国民经济的主体产业的附加值率较低时势必会导致经济整体的低效益。由此，基于目前我国产业较低的效益水平，迫切需要加快产业转型升级，尤其大力提升第二产业的生产效益。

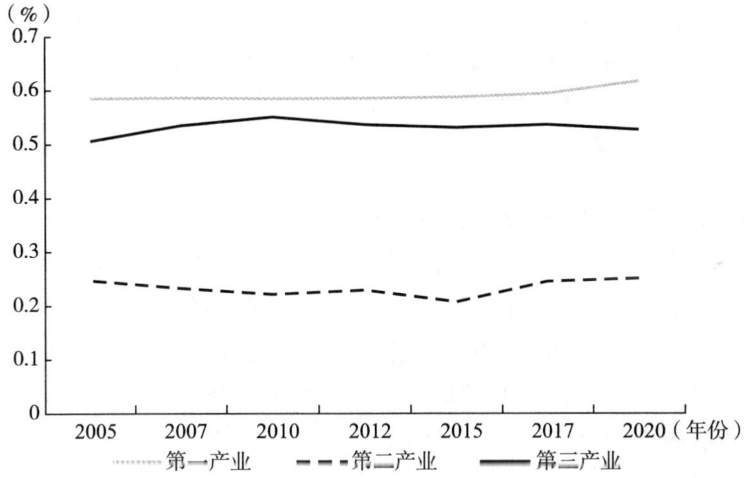

图 4–8　2005~2020 年中国三次产业的附加值率

资料来源：笔者整理。

进一步，从第二产业中的制造业和第三产业中的生产性服务业、生活性服务业及公共服务业的附加值率看（见图 4–9），制造业的附加值率仍然是各产业中最低的，这应该与我国制造业整体处于国际分工低端位置密不可分（王金照、王金石，2012；聂猛，2016）；三类服务业的附加值率变动趋势与第三产业基本相同，在经过一段快速上升后，进入平稳期，但其中生活性服务业和公共服务业的附加值率较高，而生产性服务业的附加值率较低。由此，大力提升制造业及生产性服务业的生产效益成为我国产业转型升级的主要方向和重要内容。

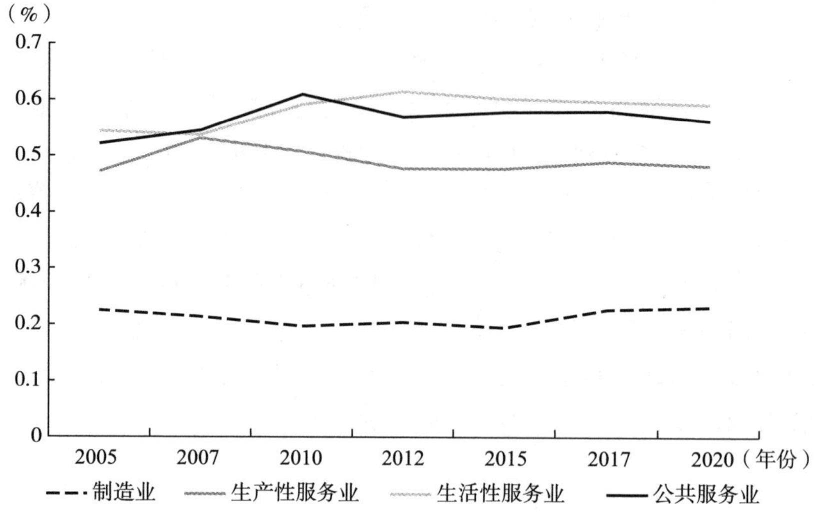

图 4-9 2005~2020 年中国三次产业内部产业的附加值率

注：图中各指标的具体数值见附表 7。

资料来源：笔者整理。

4.2.3.2 制造业内部产业的附加值率

每个经济体的产业结构和其所处的产业分工地位都不同，从而如果经济体中附加值率高的产业占比越大，则该经济体的附加值率越大，反之则越小。据上述分析得知，总体上，制造业的附加值率较低，从其产值比重的结构状态来看，结构因素对制造业附加值率的影响应该较小，因此该部分从制造业内部细分产业的自身附加值率入手，来考察造成制造业附加值率低的主要原因。

从制造业内部各类型产业的附加值率看（见图 4–10），总体上，各产业的附加值率都较低，其中供应商主导型和规模经济型的附加值率反而比专业制造型和科技主导型的制造业的附加值率高；从各自的时期特征看，各类型制造业的附加值率，整体上均表现为先逐渐下降，在 2010 年以后，又逐渐起底回升。

综上表明，总体上，我国制造业附加值率较低，这主要是由于制造业内部各类型产业自身技术水平较低。此外，分析结果还表明我国装备制造业和化工产业的附加值率却低于生活消费品和原材料生产及加工产业的附加值率。

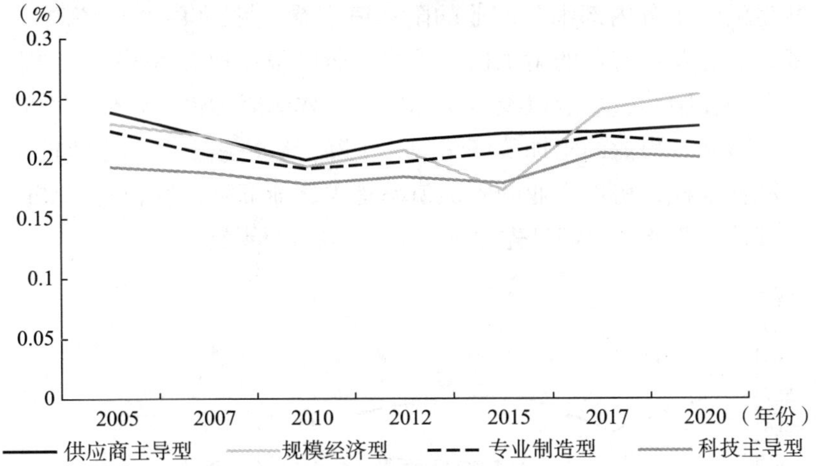

图 4–10　2005~2020 年中国制造业内部产业的附加值率

注：图中各指标的具体数值见附表 8。

资料来源：笔者整理。

4.2.3.3　服务业内部产业的附加值率

从生产性服务业内部细分产业的附加值率看（见图 4–11），总体上，租赁和商务服务业，科学研究和技术服务业，交通运输、仓储和邮政业的附加值率较低，而批发业、金融业以及信息传输、软件和技术服务业的附加值率较高；在时期特征上，除租赁和商务服务业以及交通运输、仓储和邮政业外，各个产业的附加值率，整体上都呈现先较快上升，后逐渐下降。

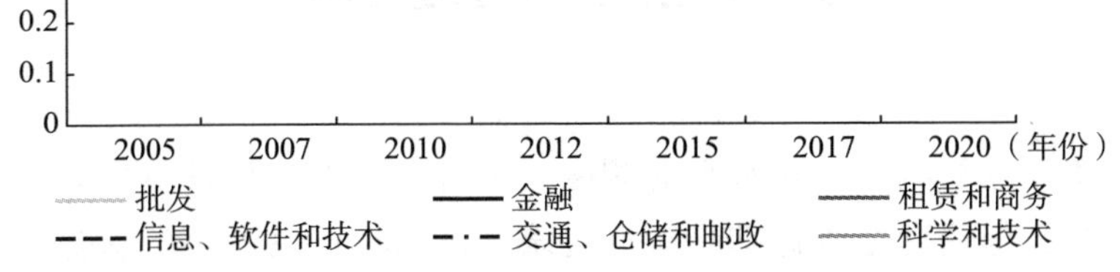

图 4–11　2005~2020 年中国生产性服务业内部细分产业的附加值率

资料来源：笔者整理。

从生活性服务内部细分产业的附加值率看（见图 4–12），总体上，房地产业、教育及零售业的附加值率较高，居民服务和文体娱产业的附加值率居中，而住宿和餐饮业以及卫生和社会工作的附加值率较低。在时期特征上，教育和零售业的附加值率呈现先下降，后快速上升，达到较高点后进入平稳变动期，房地产业的附加值率是先逐渐下降，然后进入平稳变动期，而其他产业整体上都是先逐渐上升，然后保持持续稳定。

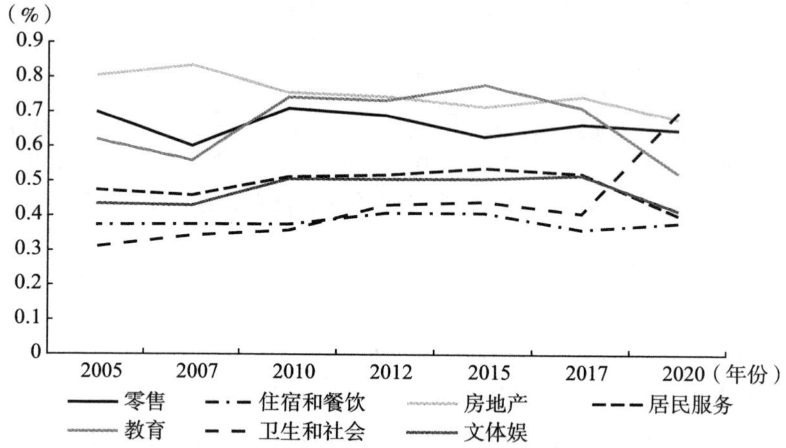

图 4–12 2005~2020 年中国生活性服务业内部细分产业的附加值率

注：图中各指标的具体数值见附表 9。

资料来源：笔者整理。

综上，我国生产性服务业各细分产业的附加值率波动较大，经过前期的波动后，在考察期末其附加值率整体上都呈下降态势，而生活性服务业各细分产业的附加值率波动较小，但在考察期末整体也呈下降态势。

4.3 产业结构合理化水平

对于产业结构合理化水平的测度，现有文献大多数采用结构偏离度和泰尔指数，但这两个指标都是根据传统经济增长理论中经济总能处于均衡状态的假设来构建的，一方面，假设经济总是处于均衡状态，这在实际情况中很难满足；另一方面，即使实际情况能满足假定条件，但根据上述测度指标的构建方法，其是把总体水平作为参考，通过测度各产业部门劳动生产率偏离总体劳动生产率的程度，来衡量产业结构的合理化水平。

因此，本书认为既然协调是产业结构合理化的中心内容，而产业结构协调的本质是各产业依靠产业间的技术经济联系使产业间的协调能力不断提高的过程，从而产业结构合理化可以从产业间的关联关系入手，通过测度其关联水平的变动来反映产业结构合理化的状态变迁。

具体在测算产业融合度时，基于中间投入率（I）和中间需求率（D）从投入融合和需求融合两方面构建融合度测度指数，其中第 i 产业和第 j 产业的融合度（$f_{i\cdot j}$）的计算公式如式 4–1 所示，三次产业的整体融合度为 $f_{1\cdot 2}$、$f_{1\cdot 3}$ 和 $f_{2\cdot 3}$ 的和。

$$f_{i\cdot j}=\sum\frac{1}{2}\left[\frac{1}{2}\left(I_{i\to j}+I_{j\to i}\right)+\frac{1}{2}\left(D_{i\to j}+D_{j\to i}\right)\right] \quad (4–1)$$

4.3.1　三次产业间的产业融合度

根据以上方法，2005~2020 年，中国三次产业的融合度计算结果如图 4–13 所示，总体上，我国三次产业总的融合度较低，各年都不足 0.25，且还在不断下降。由此说明，我国国民经济各产业部门整体的协调程度较差，急需进一步提升。

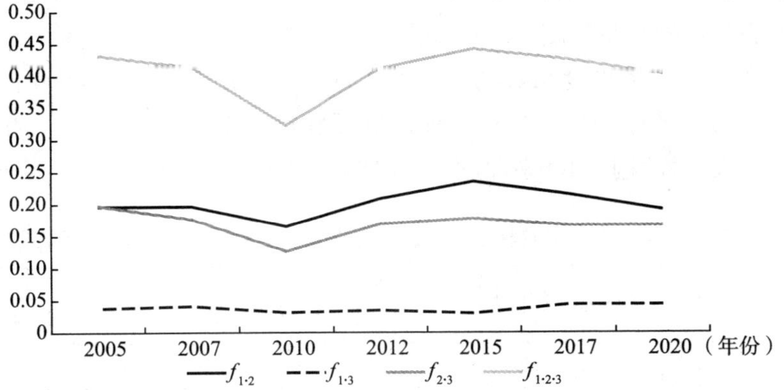

图 4–13　2005~2020 年中国三次产业的融合度

资料来源：笔者整理。

注：图中 $f_{1\cdot 2}$、$f_{1\cdot 3}$、$f_{2\cdot 3}$ 以及 $f_{1\cdot 2\cdot 3}$ 分别代表第一产业和第二产业、第一产业和第三产业、第二产业和第三产业以及三次产业总的融合度，其各指标的具体数值见附表 10。

从三次产业间两两相互的融合度看，总体上，第一产业和第二产业以及第二产业和第三产业的融合度较高，而第一产业和第三产业的融合度较低。在时期特征上，第一产业和第二产业的融合度在2010~2015年处于不断上升的态势，但在2005~2015年和2015~2020年呈现快速下降的态势，在考察期末基本跌回到了考察期初水平；第二产业和第三产业的融合度总体上呈先下降后上升 最后趋于平稳的态势，由2005年的0.20下降到2010年的0.13左右，然后逐渐上升，稳定到0.16左右。第一产业和第三产业的融合度在2015年之前整体呈下降趋势，但在2015年之后，其融合度呈逐渐上升态势。

综上表明，一方面，我国国民经济各部门的产业融合程度较低，这主要是第一产业和第三产业的融合程度较低所致；另一方面，随着产业结构变迁，国民经济各产业部门的融合度在逐渐下降，这主要是第二产业和第三产业的融合度逐渐下降所致，因此，提升第一产业和第三产业以及第二产业和第三产业的融合水平成为促进产业转型升级首要解决的重点问题。

4.3.2 农林牧渔业、制造业与生产性服务业的联系深度

为进一步探析第一产业与第三产业以及第二产业与第三产业的融合度逐渐下降的原因，本书接下来从农林牧渔业与生产性服务业以及制造业与生产性服务业的联系深度（r_{ij}）入手。

各产业间联系深度系数的具体结果如表4–3所示，以2005年的数据为例，农林牧渔业与生产性服务业的联系深度为0.1127，即$r_{i \to j}$，生产性服务业与农林牧渔业的联系深度为0.0156，即$r_{j \to i}$，其他数据与此类似。

表4–3 2005~2020年中国农林牧渔业、制造业和生产性服务业间的联系深度系数

产业	农林牧渔业	制造业	生产性服务业	农林牧渔业	制造业	生产性服务业
年份	2005			2007		
农林牧渔业	0.3880	0.0894	0.0156	0.3349	0.0808	0.0217
制造业	0.4994	0.8044	0.6311	0.5334	0.8388	0.6428
生产性服务业	0.1127	0.1062	0.3533	0.1318	0.0804	0.3355

续表

产业	农林牧渔业	制造业	生产性服务业	农林牧渔业	制造业	生产性服务业
年份	2010			2012		
农林牧渔业	0.3497	0.0882	0.0243	0.3280	0.0851	0.0182
制造业	0.5425	0.8206	0.5795	0.5684	0.8095	0.4995
生产性服务业	0.1077	0.0912	0.3962	0.1036	0.1054	0.4823
年份	2015			2017		
农林牧渔业	0.3328	0.0959	0.0117	0.2959	0.0918	0.0087
制造业	0.5960	0.7886	0.4652	0.5055	0.7605	0.3775
生产性服务业	0.0712	0.1156	0.5232	0.1986	0.1477	0.6138
年份	2020					
农林牧渔业	0.2992	0.0584	0.0074			
制造业	0.4416	0.4760	0.2949			
生产性服务业	0.1951	0.1804	0.4978			

注：表中各产业间的联系深度系数即 r_{ij}，具体算法如上文所述。

资料来源：笔者整理。

对于农林牧渔业和生产性服务业，无论是 $r_{i \to j}$ 还是 $r_{j \to i}$ 都比较低，说明无论是农林牧渔业生产中投入生产性服务业相关服务的量，还是生产性服务业生产中投入农林牧渔业相关产品的量，都比较小。因此，两者融合度较低是双向联系较差造成的。

对于制造业和生产性服务业，从制造业与生产性服务业的联系深度系数 $r_{i \to j}$ 来看，其数值较小，但整体上呈上升趋势，由 2005 年的 0.1062 上升到 2020 年的 0.1804；从生产性服务业与制造业的联系深度系数看（$r_{j \to i}$），其数值较大，但整体上呈下降趋势，由 2005 年的 0.6311 下降到 2020 年的 0.2949。因此，制造业与生产性服务业融合度较快下降是由单向联系快速下降造成的。

4.3.3　制造业服务化和农业服务化质量

新时代，产业间的融合发展，强调农业“接二连三”，向生产、加工和服务一体化转型，制造业与生产性服务深度融合，向服务型制造转型升级。因此，接下来，本书进一步利用产业间的联系深度系数，并按服务的性质分类，考察制造业服务化和农业服务化的情况。

根据服务性质分类可以反映产业服务化的质量（刘维刚、倪红福，2018），因此，本书将服务化分为六类，测度制造业和农业的服务化质量，具体如图 4–14 所示。

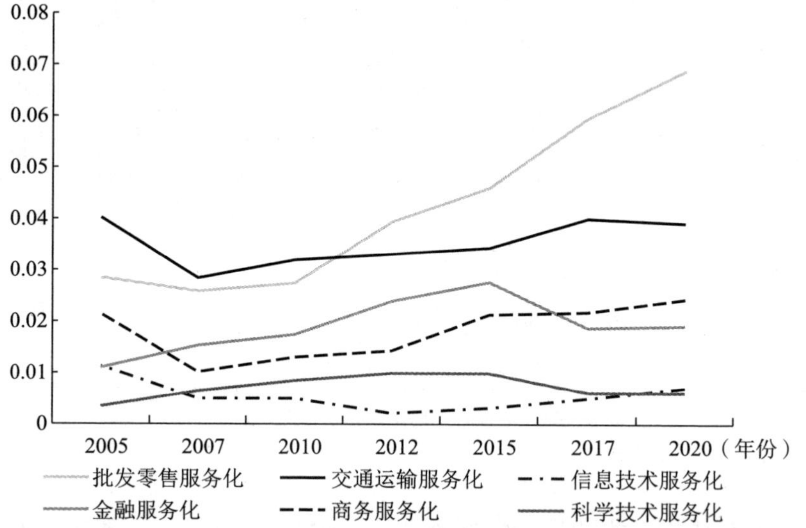

图 4–14　2005~2020 年按服务性质分中国制造业服务化水平

资料来源：笔者整理。

对于制造业服务化，批发零售服务化和交通运输服务化程度较高，且其还在不断大幅上升，而信息技术服务化和科学技术服务化程度较低，且近些年并没有明显的提升；居于中间程度的金融服务化和商务服务化，经过前期较快地提升后，其服务化水平有所减缓，甚至下降。

对于农业服务化（见图 4–15），同样是交通运输服务化和批发零售服务化程度高，次之为金融服务化和科学技术服务化，而信息技术服务化和商务服务化的程度最低。与制造业服务化相比存在较大差别的是，农业服务化中各种性质的服务化程度差异更明显，且波动幅度也较大。此外，其变动还存在明显的时期特征，总体上，农业服务化水平在 2010 年之后都呈下降态势，而在 2015 年之后，都出现大幅反弹。

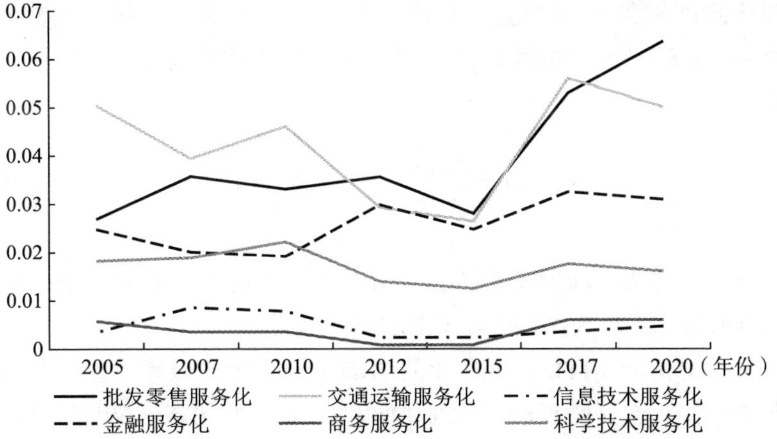

图 4–15　2005~2020 年按服务性质分中国农业服务化水平

注：图中各指标的具体数值见附表 11。

资料来源：笔者整理。

综上，无论是制造业服务化还是农业服务化，总体上都处于低端水平，科研、商务等高端服务化程度较低。

4.4　产业转型升级水平的综合测度

上文我们借鉴产业结构优化理论，基于产业结构高度化和合理化框架，从产业的结构、效率、效益及融合 4 个维度测度了产业的发展水平。从产业结构高度化和合理化两方面测度产业转型升级水平，确实能够较为精细地从不同方面反映产业结构发展水平，但其容易造成产业结构高度化与合理化不一致，割裂了产业结构优化过程。此外，更重要的是，构建综合的测度指标，能够更有利于分析产业转型升级对经济高质量发展的影响关系。因此，本书基于产业结构高度化和合理化的框架下，构建了一个测度产业转型升级的综合性指标，以便全面、整体的测度产业转型升级的水平。

基于上文产业转型升级的内涵，产业转型升级不仅体现在产业间水平方向的演进，还体现在产业内部垂直方向的演进，以及产业间和产业内部的相互融合。因此，仅利用产业结构高度化或合理化的某个测度指标来反映产业转型升级水平，还不够统一和全面。为此，本书在产业结构高度化和合理化测度框架的基础上，从产业的结构、效率、效益及融合四个维度，构建产业转型升级的综合测度指标——产业结构优度（ITU），其具体公式如下：

$$\text{ITU}=\sum_{i=1}^{3}\sum_{j=1}^{n_i}P_{ij}*E_{ij}*B_{ij}*C \tag{4-2}$$

式中：P_{ij} 为各产业的产值比重；E_{ij} 为各产业的劳动生产率；B_{ij} 为各产业的附加值率；C 为国民经济总体的融合度。

产业结构优度（ITU）将产业的结构比例、生产效率、生产效益及融合程度结合在一起，既反映了水平方向的产业演变状态，又反映了垂直方向的产业演变状态，还反映了产业间及产业内部的关联程度。因此，该测度指标表现为产业效率高、效益好的产业越多，同时产业整体融合程度越高，则产业转型升级水平越高。

根据上述的相关数据，2005~2022 年产业结构优度的测算结果如表 4–4 所示。从国民经济各产业部门的综合水平看，产业转型升级水平在逐渐上升，由 2005 年的 0.93 提升到 2022 年的 4.83，提升幅度超过 4 倍。从三次产业的转型升级效果看，第三产业的转型升级效果最好，提升幅度超过 3 倍，第二产业次之，第一产业最低。从三次产业内部产业的转型升级效果看，制造业相较于生产性服务业和生活性服务业效果较差。

表 4–4　2005~2022 年中国的产业转型升级水平

年份	产业结构优度（ITU）							
	综合水平	各分类产业的产业结构优度						
		第一产业	第二产业	第三产业	制造业	生产性服务业	生活性服务业	公共服务业
2005	0.93	0.02	0.28	0.62	0.17	0.22	0.39	0.01
2006	1.05	0.02	0.31	0.71	0.19	0.27	0.43	0.01
2007	1.27	0.03	0.34	0.90	0.21	0.37	0.51	0.02
2008	1.52	0.03	0.40	1.10	0.23	0.44	0.62	0.03
2009	1.70	0.03	0.37	1.30	0.23	0.49	0.78	0.03
2010	1.98	0.04	0.42	1.52	0.26	0.57	0.92	0.04
2011	2.17	0.05	0.53	1.60	0.30	0.60	0.96	0.04

续表

年份	产业结构优度（ITU）							
	综合水平	各分类产业的产业结构优度						
		第一产业	第二产业	第三产业	制造业	生产性服务业	生活性服务业	公共服务业
2012	2.32	0.05	0.54	1.73	0.32	0.67	1.02	0.04
2013	2.49	0.06	0.57	1.86	0.37	0.83	0.99	0.04
2014	2.57	0.06	0.56	1.95	0.38	0.92	0.99	0.04
2015	2.77	0.07	0.51	2.19	0.38	1.10	1.04	0.05
2016	3.03	0.07	0.59	2.37	0.44	1.09	1.22	0.06
2017	3.36	0.06	0.75	2.54	0.55	1.13	1.35	0.06
2018	3.67	0.07	0.88	2.72	0.65	1.19	1.46	0.07
2019	4.00	0.08	0.85	3.07	0.59	1.33	1.66	0.08
2020	4.03	0.10	0.82	3.11	0.57	1.40	1.63	0.08
2021	4.51	0.10	1.04	3.37	0.69	1.62	1.68	0.07
2022	4.83	0.11	1.13	3.59	0.75	1.84	1.67	0.08

资料来源：笔者整理。

4.5　本章小结

本章以产业结构高度化和合理化为框架，从产业的结构比例、生产效率、生产效益、融合程度四个维度，分别详细地考察了中国三次产业及其内部产业的产业变迁状况。在此基础上，构建了一个产业转型升级的综合测度指标，以期全面、统一地测度中国经济发展过程中的产业转型升级效果。经过上述的测算与分析，得到如下结论：

4.5.1　对于我国产业结构高度化水平

第一，对于产业的结构状态：①从三次产业产值比重的结构状态看，我国国民经济呈现出由第二产业占优势地位向第三产业占优势地位的顺向更替，产业结构服务化趋势明显，我国国民经济已呈现出较为明显的产业结构高度化特征。②从制造业内部各类型产业的产值结构状态看，一方面，我国制造业的产值比重变动幅度较小，即在产业发展的结构维度，制造业的产业结构高度化水平还不够；另一方面，我国制造业中劳动密集型和规模扩张型的制造业仍然占据优势地位，这在一定程度上拉低了我国制造业整体的生产效率和效益。③从服务业内部产业的产值比重结构状态看，服务业产值比重的提升，主要是生产性服务业中的金融业及生活性服务业中的房地产业的产值比重大幅提升所致。我国国民经济总体上虽然呈现明显的结构服务化特征，符合经典产业结构演变的规律，但这背后实际上是国民经济的“脱实向虚”造成的。

第二，对于产业的效率水平：从三次产业看，产业结构高度化的结构状态与效率水平并不匹配，但从其内部细分产业看，二者基本匹配。由此进一步说明，第三产业内部产业的生产效率差异较大，生产性服务业的劳动生产率远高于生活性服务业和公共服务业，因此产业结构服务化的主体方向应是服务业生产化。

第三，对于产业的效益水平：①从三次产业的附加值率看，基于目前我国产业较低的效益水平，迫切需要加快产业转型升级，尤其应大力提升第二产业的生产效益。②从三次产业内部细分产业的附加值率看，总体上，我国制造业附加值率较低，这主要是由于制造业内部各类型产业自身技术水平较低。此外，我国装备制造业和化工产业的附加值率却低于生活消费品和原材料生产及加工产业的附加值率。

4.5.2 对于我国产业结构合理化的现状

我国国民经济各部门的产业融合程度较低，这主要是第一产业和第三产业的融合程度较低所致。此外，随着产业结构变迁，国民经济各产业部门的融合度在逐渐下降，这主要是第二产业和第三产业的融合度逐渐下降所致，因此，提升第一产业和第三产业以及第二产业和第三产业的融合水平成为促进产业转型升级首要解决的重点问题。

第一产业与第三产业的融合度逐渐下降的原因主要是农林牧渔业和生产性服务业双向联系较差；第二产业与第三产业的融合度逐渐下降的原因主要是单向联系快速下降。无论是制造业服务化还是农业服务化，总体上都处于低端水平，科研、商务等高端服务化程度较低。

4.5.3　对于产业转型升级的综合测度

从三次产业的转型升级效果看，第三产业的转型升级效果最好，第二产业次之，第一产业最低。从三次产业内部产业的转型升级效果看，制造业相较于生产性服务业和生活性服务业效果较差。

第5章 经济高质量发展水平的测度研究

上文系统地阐述了经济高质量发展与经济增长质量有何联系与区别，并给出了经济高质量发展的内涵。本书认为对于经济高质量发展的测度，应基于发展目标评价其质态水平或状况，即以实现更高质量、更有效率、更加公平、更可持续、更为安全的发展目标为评价依据构建经济高质量发展评价指标体系。在此基础上，本章着手构建经济高质量发展水平的评价指标体系，并对其进行测度分析。

5.1 经济高质量发展测度指标体系构建

在对经济高质量发展内涵解读与界定的基础上，本书从发展动力新质、发展方式绿色低碳、发展成果公平共享、发展环境安全稳定四个方面，遵循全面性原则、代表性原则、可比性原则和可操作性原则，选取科技创新、产业创新、生产方式、生活方式、收入分配、公共服务、经济安全和社会安全 8 个分项指标及 46 个基础指标构建经济高质量发展的测度指标体系（见表 5–1）。由于经济高质量发展的内涵是多维度的，在构建测度指标体系时，本书遵循全面性原则和代表性原则，即既要确保选取的指标尽可能全面地刻画经济高质量发展的内涵和外延，又要确保不重复和遗漏关键的指标，从而保证指标体系精简且具有代表性；此外，构建评价指标体系还要遵循可比性原则和可操作性原则，为了使评价结果具有可比性，在指标设计时要结合使用总量指标，但尽量多选取相对指标，还要考虑数据的可得性，以确保构建的指标体系能够有效应用。

表 5–1　经济高质量发展评价指标体系

一级指标	二级指标	三级指标（指标属性）	指标单位
发展动力新质	科技创新（要素动力）	创新投入：R&D 经费投入强度（+）	%
		每万名就业人员研发人力投入（+）	人年 / 万人
		创新产出：万人发明专利拥有量（+）	项 / 万人
		每万名科技活动人员技术市场成交额（+）	亿元 / 万人
		创新成效：新产品销售收入占主营业务收入比重（+）	%
		高技术产品出口额占货物出口额比重（+）	%
	产业创新（产业动力）	高技术制造业营业收入占比（+）	%
		生产性服务业增加值占 GDP 比重（+）	%
		数字经济增加值规模占 GDP 比重（+）	%
		数字经济与实体经济融合度（+）	—
发展方式绿色低碳	生产方式	能源结构：非化石能源消费占比（+）	%
		使用效率：单位 GDP 二氧化碳排放量（–）	吨 / 万元
		单位 GDP 能源消耗（–）	吨标准煤 / 万元
		单位 GDP 用水量（–）	立方米 / 万元
	生活方式	人均生活能源消费量（–）	千克标准煤
		城镇每万人口公共交通客运量（+）	万人次 / 万人
		生活垃圾无害化处理率（+）	%
发展成果公平共享	收入分配	劳动者报酬占 GDP 比重（+）	%
		人均可支配收入基尼系数（–）	—
	公共服务	教育服务：高中阶段毛入学率（+）	%
		义务教育阶段师生比（+）	—
		初中毕业生升学率（+）	%
		医疗服务：每万人拥有卫生技术人员数（+）	人 / 万人
		每万人医疗卫生机构床位数（+）	张 / 万人
		文化服务：每万人拥有主要文化机构数（+）	个 / 万人

续表

一级指标	二级指标	三级指标（指标属性）	指标单位
发展成果公平共享	公共服务	基础设施：每万人拥有公共交通运营车辆数（+）	辆 / 万人
		每万人拥有铁路和公路里程（+）	公里 / 万人
		每万人拥有互联网宽带接入端口数（+）	个 / 万人
发展环境安全稳定	经济安全	社会保障：人均社会保障支出（+）	元 / 人
		基本养老保险覆盖率（+）	%
		产出风险：GDP 增长波动程度（-）	%
		总投资增长波动程度（-）	%
		财政风险：中央政府债务负债率（-）	%
		中央财政债务依存度（-）	%
		贸易风险：对外贸易依存度（-）	%
		外需增长波动率（-）	%
		产业风险：高技术产品进口额比重（-）	%
		能源风险：能源对外依赖度（-）	%
	社会安全	生活压力：通货膨胀率（-）	%
		城镇登记失业率（-）	%
		消费压力指数（-）	—
		社会极化：区域发展差距（-）	—
		阶层收入差距（-）	—
		城乡收入差距（-）	—
		行业收入差距（-）	—
		社会治安：每万人刑事和治安案件立案和受理数（-）	起 / 万人

资料来源：笔者整理。

5.1.1 发展动力新质

经济发展动力变革是经济高质量发展的关键，也是促进质量变革和效率变革的前提和基础。动力变革最重要的是新旧动力转换，从要素动力层面看，表现为由原来主要依靠要素投入转换为依靠科技创新；从产业动力层面看，由科技创新推动产业创新形成新质生产力的产业载体是高质量发展的关键。在数字经济时代，本书选取高技术制造业营业收入占比（规上高技术制造企业营业收入 / 规上工业企业营业收入）、生产性服务业增加值占 GDP 比重、数字经济增加值规模占 GDP 比重和数字经济与实体经济融合度 4 个指标反映产业动力转换。

5.1.2　发展方式绿色低碳

推动经济社会发展绿色化、低碳化是实现高质量发展的关键环节，加快形成绿色低碳的生产方式和生活方式是必然要求和重要手段。本书选取非化石能源消费占比（用一次电力及其他能源消费与能源消费总量的比重近似替代）、单位 GDP 二氧化碳排放量 \ 能源消耗 \ 用水量（本年单位 GDP 二氧化碳排放量 \ 能源消耗 \ 用水量除以上年相应值再减 1）、人均生活能源消费量、城镇每万人口公共交通客运量（城市公共交通客运量 / 城镇人口数）和生活垃圾无害化处理率 8 个指标从生产方式和生活方式两个方面衡量发展方式的绿色低碳转变情况。

5.1.3　发展成果公平共享

中国特色社会主义始终坚持发展为了人民、发展依靠人民、发展成果由人民共享的发展目的，从而发展成果公平共享也成为反映我国经济高质量发展水平的重要方面和独特之处。本书落脚于分配领域，从收入分配和公共服务两个维度衡量发展成果公平共享水平。

一方面，用劳动者报酬占 GDP 比重（劳动者报酬 / 收入法 GDP）和人均可支配收入基尼系数 2 个指标衡量劳动者获得生活资料的共享程度。另一方面，用高中阶段毛入学率、义务教育阶段师生比（小学和初中专任教师人数 / 小学和初中在校人数）和初中毕业生升学率从入学机会、教育资源和教育结果方面衡量教育公共服务公平共享；用每万人拥有卫生技术人员数、医疗卫生机构床位数、主要文化机构数、公共交通运营车辆数、铁路和公路里程以及互联网宽带接入端口数衡量医疗、文化、基础设施公共服务公平共享；利用人均社会保障支出（社会保障支出总额 / 总人口）和基本养老保险覆盖率（城乡居民和城镇职工基本养老保险参保人数 / 总人口）衡量社会保障公平共享。也就是说，从教育、医疗、文化、社会保障、基础设施五个方面选取 11 个指标衡量劳动者获得发展资料的共享程度。

5.1.4 发展环境安全稳定

面对世界百年未有之大变局及处在转变发展方式、优化经济结构和转换增长动力的攻关期，发展安全成为经济高质量发展的必然要求。本书从经济安全和社会安全两个维度衡量发展环境安全稳定水平。

用实际 GDP 增长波动程度、总投资增长波动程度、中央政府债务负债率（年末中央政府债务余额 /GDP）、中央财政债务依存度（当年的中央债务收入 / 当年的中央财政总支出）、对外贸易依存度（进出口贸易总额 / GDP）、外需增长波动率（出口增长率离差的绝对值）、高技术产品进口额比重（高技术产品进口额 / 商品进口贸易总额）、能源对外依赖度（1 减去国内一次能源生产总量 / 一次能源消费总量）8 个指标从产出、财政、贸易、产业和能源五个方面衡量经济运行风险。

用通货膨胀率（定基 CPI 增长率）、城镇登记失业率、消费压力指数（城镇和农村居民人均消费支出与人均可支配收入比的加权和）、区域发展差距（人均地区生产总值极值比）、阶层收入差距（高低收入比）、城乡收入差距（城乡居民人均可支配收入比）、行业收入差距（分行业城镇单位就业人员平均工资极值比）、每万人刑事和治安案件立案和受理数（万人刑事案件立案数与万人治安案件受理数之和）8 个指标从生活压力、社会极化和社会治安三个方面衡量社会风险水平。

5.2 综合评价方法选择及相关数据说明

5.2.1 综合评价方法选择

在多指标综合评价中，相较于主成分法等其他客观权重确定方法，熵值法更适合对多个时间段的研究对象进行评价，因此本书使用熵值法确定指标权重，并测算经济高质量发展水平综合指数。

首先进行指标数据的标准化，消除其量纲的影响，标准化方法如下：

$$\text{正向指标：} z_{ij}=\frac{x_{ij}-\min(x_{1j},x_{2j},\cdots,x_{nj})}{\max(x_{1j},x_{2j},\cdots,x_{nj})-\min(x_{1j},x_{2j},\cdots,x_{nj})} \quad (5\text{-}1)$$

$$\text{负向指标：} z_{ij}=\frac{\max(x_{1j},x_{2j},\cdots,x_{nj})-x_{ij}}{\max(x_{1j},x_{2j},\cdots,x_{nj})-\min(x_{1j},x_{2j},\cdots,x_{nj})} \quad (5\text{–}2)$$

式中：x_{ij}为原始指标数值，i为年份，j为指标；z_{ij}为标准化后的指标数值。其次计算信息熵E_j和指标权重W_j。

最后计算综合指数HQED_i，得到历年的经济高质量发展水平值。

$$E_j=-\frac{1}{\ln(n)}\sum_{i=1}^{n}\left(\frac{z_{ij}}{\sum_{i=1}^{n}z_{ij}}\ln\frac{z_{ij}}{\sum_{i=1}^{n}z_{ij}}\right) \quad (5\text{–}3)$$

$$W_j=\frac{1-E_j}{\sum_{j=1}^{m}(1-E_j)} \quad (5\text{–}4)$$

$$\mathrm{HQED}_i=\sum_{j=1}^{m}W_j z_{ij} \quad (5\text{–}5)$$

5.2.2　相关数据说明

本书构建的经济高质量发展评价指标体系中的基础指标数据均来源于2003~2023年的《中国统计年鉴》、国家统计局发布的年度和地区数据、《中国科技统计年鉴》、《中国环境统计年鉴》、《中国教育统计年鉴》、《中国劳动统计年鉴》以及CEADs国家级清单、国家金融监督管理总局官网发布的统计数据和国家人力资源和社会保障部官网发布的统计数据。需要指出的是，由于考察时期较长，有个别基础指标在一些年份有所缺失，对于仅缺失单个年份的基础指标，本书采用前一期与后一期的平均值进行填补；对于缺失多个年份的基础指标，本书利用平均增长速度估算其缺失年份的发展水平。指标的选取及计算具体如下[①]：

在上述构建的经济高质量发展评价指标体系中，有些指标可以直接从上述历年年鉴中获得，例如R&D经费投入强度、失业率、居民消费价格指数、高等教育毛入学率等指标，其计算方法就不在此做具体说明；除此之外的指标需要通过从上述历年年鉴中获得基础指标数据，然后计算比值、比重、贡献率、

① 生活垃圾无害化处理率、人均生活能源消费量、人均可支配收入基尼系数、高中阶段毛入学率、初中毕业生升学率和失业率6个指标可以直接从上述数据来源中获得。

覆盖率等，篇幅限制，其计算方法参考了统计学中结构相对指标、比例相对指标及密度相对指标等的计算方法，本书也不在此做具体阐述。在此需要进行特别说明的是，数字经济增加规模和数字经济与实体经济融合度的计算方法。

5.2.2.1 数字经济规模测算方法的选择与说明

数字经济的长足发展对于深化供给侧结构性改革，推动新旧动能转换，从而实现经济高质量发展都具有重大的意义。由于对数字经济的定义不统一，现有关于数字经济增加值规模测度的方法与成果存在争议。国内外关于数字经济的定义整体上分为三类：第一，核心定义，认为数字经济是数字经济活动的核心部门，即信息通信技术（ICT）产业部门，联合国、经济合作与发展组织（OECD）等采用该定义测算数字经济规模；第二，狭义定义，认为数字经济是以生产数字产品和服务为主的数字部门（除ICT产业部门外，还包括电子商务、平台经济、共享经济、数字化媒体等），国际货币基金组织（IMF）、美国经济分析局（BEA）、波士顿咨询公司（BCG）、许宪春和张美慧（2020）等采用该定义测算数字经济规模；第三，广义定义，认为数字经济既包括核心的ICT产业，也包括ICT产业对农业、工业和服务的贡献。埃森哲咨询公司、腾讯研究院、中国信息通信研究院、G20杭州峰会等采用该定义测算数字经济规模。

本书认为由于数字技术的替代性、渗透性和协同性三大特性，可以将数字经济分为两种表现形式，即与数字技术直接相关的特定产业部门和融入数字技术后的新型经济形态（蔡跃洲，2018）。因此，随着数字经济与传统产业不断渗透、融合，仅从狭义视角界定数字经济将不能全面反映数字经济的发展水平，而广义的数字经济考虑了数字技术的特性，其定义避免了核心产业或者狭义视角下电子商务、平台经济、数字化媒体、数字基础设施等的划分和识别，从直接影响和间接影响界定了数字经济的测度范围，从而不仅使数字经济内涵更加全面，而且测度范围容易标准化，不用经常调整。

综上，对于数字经济规模测度，将数字经济分为数字产业化和产业数字化两部分。第一部分是与数字技术直接相关的特定产业部门的增加值，本书借鉴OECD和BEA对数字经济基础部门的划分，结合《国民经济行业分类》（GB/T 4754—2022）及《数字经济及其核心产业统计分类（2021）》，将有关数字经济核心产业的增加值加总核算。第二部分是数字技术和数据要素渗透融合到非数字经济部门，由于其协同效应和替代效应使传统产业效率提升所贡献的增加值。测度该部分数字经济增加值，不再是剥离协同效应和替代效应对应的增加值，而是将其共同视为数字经济融合部门，利用 Machlup–Porat 测算方法和投入产出表进行测度。

在实际测算中，我们将计算机、通信设备、广播电视设备和雷达及配套设备、视听设备、电子元器件和其他电子设备制造业、电信、广播电视及卫星传输服务、互联网和相关服务、软件服务、信息技术服务业划分为与数字技术直接相关的特定产业部门，其增加值直接利用投入产出表中的数据加总得到。除上述特定产业部门外，其他产业均视为非数字经济产业部门，其由于数字活动引致的效率提升所对应的增加值参考许宪春和张美慧（2020）与康铁祥（2008）的做法，进行如下测算：

首先利用投入产出表第一象限的数据构建非数字产业数字活动增加值调整系数（V_i），其公式为

$$V_i = \text{第 } i \text{ 非数字产业部门数字产品和服务中间投入} / \text{第 } i \text{ 非数字产业部门总中间投入} \quad (5\text{–}6)$$

其次，在此基础上计算第 i 非数字经济产业部门数字活动增加值，其公式为

$$\text{第 } i \text{ 非数字产业部门数字活动增加值} = V_i \times \text{第 } i \text{ 非数字产业部门增加值} \quad (5\text{–}7)$$

最后，将两部分增加值加总得到数字经济增加值。

5.2.2.2　数实融合水平的测算方法与说明

对于数字经济与实体经济融合程度测度，数实融合是数字技术和数据要素渗透实体经济的全过程，由于数字产业化为数实融合发展提供必要的技术和基础设施支持，故对于数实融合水平测度本书通过测算数字经济核心产业与传统产业的融合水平来衡量。

具体测算基于中间投入率（I）和中间需求率（D）从投入融合和需求融合两个方面构建数字经济核心产业与传统产业（农林牧渔业、工业、服务业）融合水平的测度指数（$f_{\text{dig•tra}}$）。具体公式如下：

$$f_{\text{dig•tra}} = \sum \frac{1}{2}\left[\frac{1}{2}\left(I_{\text{dig}\to\text{tra}} + I_{\text{tra}\to\text{dig}}\right) + \frac{1}{2}\left(D_{\text{dig}\to\text{tra}} + D_{\text{tra}\to\text{dig}}\right)\right] \quad (5\text{–}8)$$

5.3 经济高质量发展的测度结果与分析

对于经济高质量发展综合指数（HQED）的测算，由于在多指标综合评价中，与熵值法相比主成分法等其他客观权重确定方法，更适合对多个时间段的研究对象进行评价，因此本书使用熵值法确定指标权重，并加权计算经济高质量发展综合指数。

5.3.1 经济高质量发展水平及动态特征

自 2004 年以来，我国经济高质量发展综合指数（HQED）经历了短暂的增长平台期，在 2008 年之后整体呈逐渐上升态势（见图 5–1）。HQED 由 2004 年的 0.23 提升到 2022 年的 0.83，年均增长率高达 7.36%。由此表明，自党的十七大提出推动经济发展方式转变以来，我国经济发展质量在逐渐提升，但是当前仍然处于发展不充分阶段。

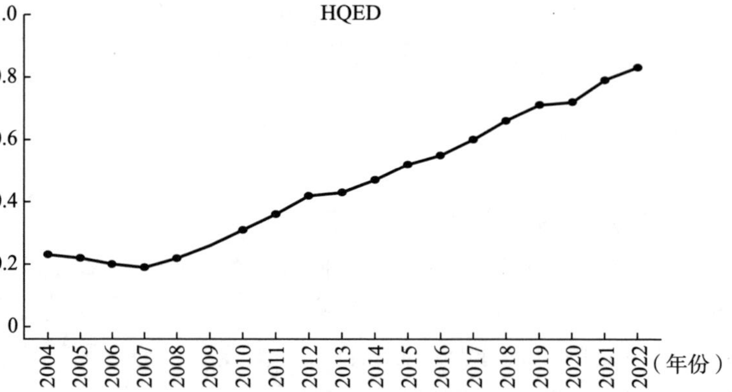

图 5–1 2004~2022 年中国经济高质量发展综合指数

资料来源：笔者整理。

分维度来看，发展动力质态取得显著进展，但在要素动力层面提升迅速，而在产业动力层面提升缓慢（见图 5–2）。

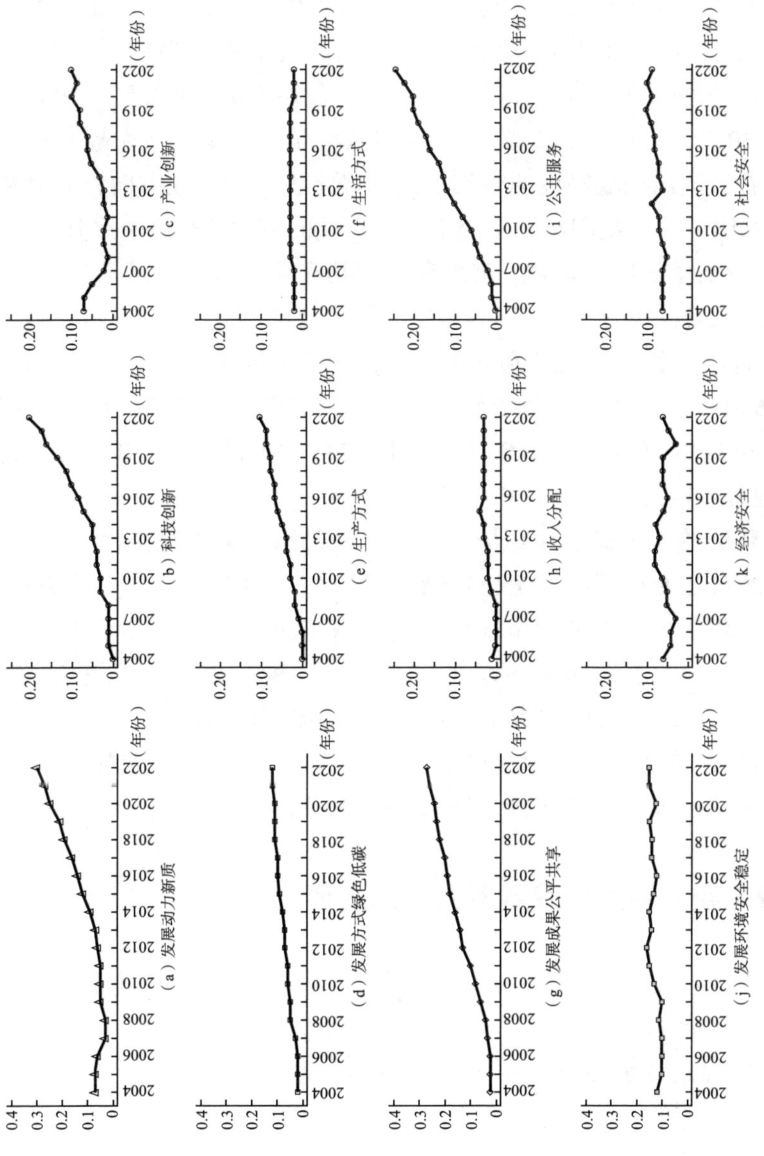

图 5-2　2004 ~ 2022 年中国经济高质量发展分项指数

资料来源：笔者整理。

从图 5–2 可以看出 2004~2022 年，发展动力指数由 0.07 上升到 0.30，年均增长率为 8.32%，这主要得益于我国科技创新水平的高速提升，科技创新指数由原来的不足 0.01 上升到 0.20，年均增长率高达 28.58%。

发展方式绿色低碳转型成效明显，相较于生活方式转型，生产方式转型更为显著。2004~2022 年，发展方式绿色低碳指数（DM）由 0.02 上升到 0.12，年均增长率为 9.36%，生产方式指数由 0.003 上升到 0.10。年均增长率为 20.77%（见图 5–2）。这也表明从科学发展观的重大战略思想被提出，随着经济结构战略性调整作为我国经济发展的主攻方向，同时在新发展理念的引导下，我国经济系统中，生产端的可持续性快速提升。

发展成果的公平共享性快速提升，尤其在公共服务领域。2004~2022 年，发展成果公平共享指数（DA）经历了短暂的增长平台期，在 2007 年以后持续提升，由 0.02 上升到 0.27，增长为原来的 15 倍之多，年均增长率高达 16.31%，这主要得益于我国公共服务均等化发展取得长足进步，公共服务指数由 2004 年的 0.03 增长到 2022 年的 0.23，年均增长率高达 26.77%（见图 5–2）。

发展环境的安全稳定性经历“阶梯”跃升后整体上呈平稳发展态势，但总体上经济运行环境的安全稳定性相对较小。2004~2022 年，受 2008 年全球金融危机影响，发展环境安全稳定指数（DE）在 2008 年前后基本维持在 0.12 左右，此阶段发展环境的安全稳定风险较大，尤其是经济安全稳定风险较大。随着我国宏观调控政策的平稳作用逐渐发挥，发展环境安全稳定指数在 2012 年跃升到 0.15 左右，并基本保持平稳（见图 5–2），此阶段发展环境的安全稳定风险相对较小，尤其是社会安全稳定风险较小。

5.3.2 经济高质量发展不充分的主要成因分析

对于经济发展不充分指数，本书利用各指标的极差标准化值衡量，越接近 1 表明发展越充分，越接近 0 表明发展越不充分。对于正向指标，$x_{ij}^{\max}$ 和 $x_{ij}^{\min}$ 表示发展充分状态下的理想值和发展不充分状态下的不允许值；对于逆向指标，$x_{ij}^{\max}$ 和 $x_{ij}^{\min}$ 表示发展不充分状态下的不允许值和发展充分状态下的理想值。对于各指标极差标准化的最大值和最小值参数，本书在考察相关领域发展现状、国民经济和社会发展规划和目标纲要、国际发达国家和地区发展水平等的基础上，通过综合评估和权衡来进行设置。

5.3.2.1　原始创新能力与“新质”产业体系发展不充分

相较于科技创新投入，我国创新产出的不充分程度更为严重，尤其是原始创新能力（见图 5-3）。

2004~2022 年，我国 R&D 经费和 R&D 人员投入强度分别以 4.16% 和 9.84% 的年均增长率在不断增大，R&D 经费投入强度和 R&D 人员投入强度不充分指数在 2022 年分别达到 0.63 和 0.55。但是，我国万人发明专利拥有量虽然以 16.27% 的年均增长率在不断提升，但其不充分指数始终不足 0.30，这表明我国在科技创新产出方面，虽然原始创新能力在不断提升，但与发达国家的差距还较大。

对于产业创新不充分，2004~2021 年，我国高技术制造业营业收入占比、生产性服务业产业增加值占比以及数字经济增加值占比的不充分指数均不足 0.5，表明我国产业结构高端化和数字化水平与发达国家的差距也较大，“新质”产业体系发展不充分。

5.3.2.2　能源结构转型成效显著，但能效提升不充分

对于生产方式绿色低碳转型效果，2004~2022 年，非化石能源消费占比、碳排放强度、能源消耗强度和水资源消耗强度的不充分指数都在逐渐提高，但整体上能源消耗强度下降更为不充分，到 2022 年仍然不足 0.5。与之存在鲜明对比的是，人均生活能源消费量的不充分指数在逐渐降低（见图 5-4）。这表明我国经济运行过程中，能源结构绿色低碳转型成效显著，但生产和生活的能源利用效率相对较低。

5.3.2.3　居民收入存在差距，教育资源、文化及公共交通服务不充分

对于收入分配公平的不充分，主要是由于居民人均可支配收入存在差距。2004~2022 年，居民人均可支配收入基尼系数不充分指数基本不足 0.12，虽然在 2008 年之后有所改善，但不充分程度仍然存在。对于公共服务公平共享的不充分，着重体现在教育资源、文化机构以及铁路和公路基础设施等方面。在教育公共服务方面，近些年来初中毕业生升学率不充分指数接近 0.9，义务教育阶段师生比不充分指数不足 0.20，表明相较于入学机会和教育结果的公平，我国教育公共服务发展不充分主要表现为教育资源公平共享不充分；在医疗公共服务方面，卫生技术人员和医疗卫生机构床位公平共享的充分程度在不断提升，2022 年不充分指数分别为 0.80

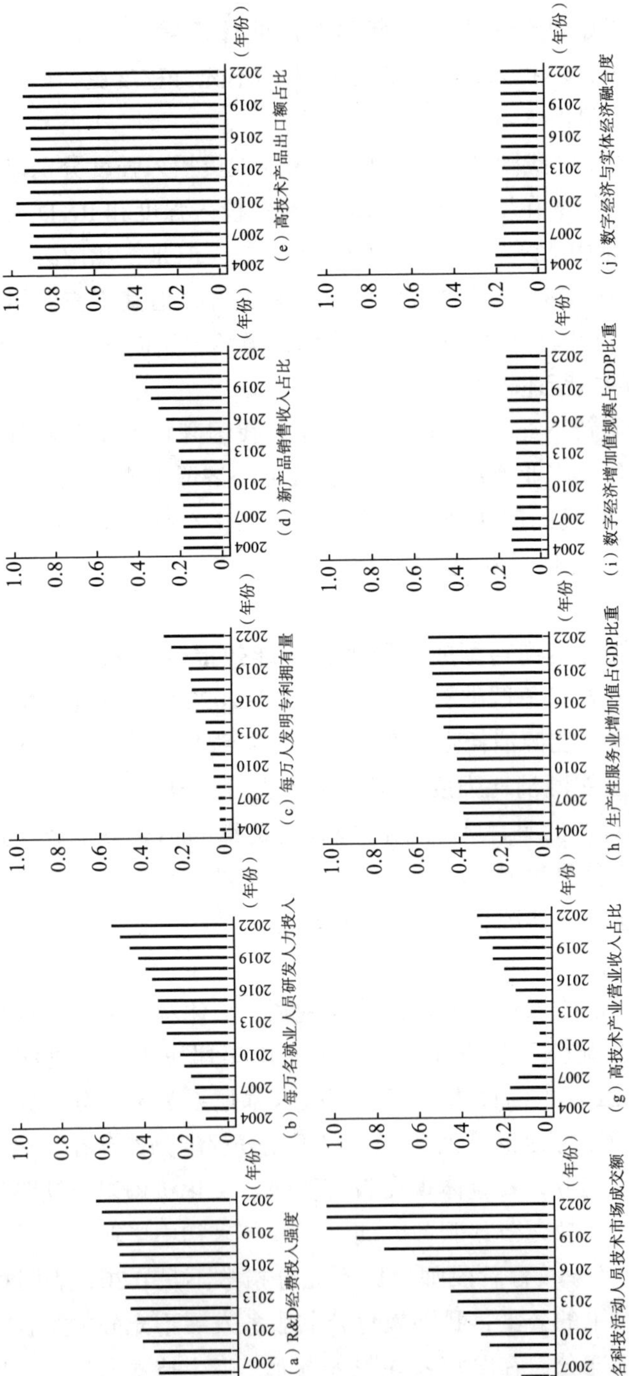

图 5-3 2004～2022 年科技创新和产业创新不充分指数

资料来源：笔者整理。

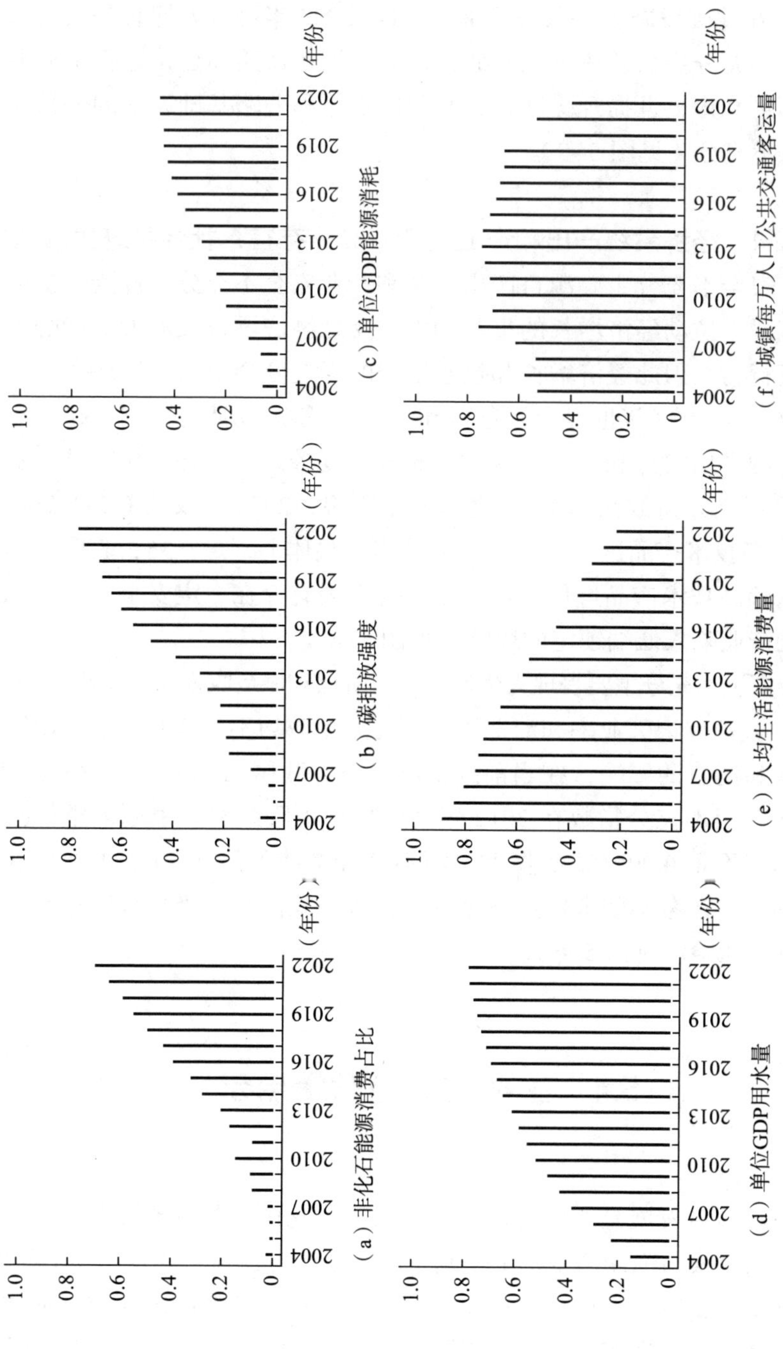

图 5-4　2004～2022 年发展方式可持续不充分指数

资料来源：笔者整理。

和 0.94；在文化公共服务方面，也存在公平共享的不充分，不充分指数不足 0.40；在基础设施公共服务方面，2004~2022 年每万人拥有公共交通运营车辆数不充分指数总体不足 0.60，每万人拥有铁路和公路里程不充分指数总体不足 0.19，且提升缓慢，表明我国铁路和公路基础设施的公平共享性也存在不充分（见图 5–5）。

5.3.2.4 经济系统产出和产业安全不充分存在，社会系统生活压力

经济安全不充分主要源自产出安全和产业安全不充分。投资是扩大物资资本存量，拉动经济增长的重要动力，反之经济增长又极大地影响和决定着投资行为，因此经济增长和投资增长的不充分会使国民经济产出安全不够充分。受 2008 年世界金融危机和 2020 年新冠疫情的影响，在此年份我国经济的产出安全和贸易安全的不充分程度较高。此外，我国总投资增长波动的不充分指数在 2014 年之后不断下降，2022 年仅为 0.39。2004 ~ 2022 年，高技术产品进口额比重不充分指数整体上不足 0.35，表明我国企业过度依赖高技术产品进口，这对于产业发展有存在一定安全隐患，此外还会加剧产业陷入低端锁定的风险（见图 5–6）。

社会安全不充分主要表现为生活压力、阶层和城乡收入存在差距。2004~2021 年，城镇登记失业率和消费压力不充分指数均不足 0.30，表明由于就业、收入和消费的影响，在当前经济状况下，我国居民的生活存在压力。阶层收入差距不充分指数在 2012 年之后呈现下降趋势，由原来整体接近 0.30 下降到不足 0.09，城乡收入差距不充分指数虽然在 2011 年之后逐渐有所改善，但在考察期末仍然不足 0.50，表明我国社会极化程度存在，容易加剧社会风险（见图 5–6）。

5.4 主要结论与政策启示

经济高质量发展是全面建设社会主义现代化国家的首要任务，本书在阐释其逻辑框架与内涵的基础上，基于新质生产力视角，从发展动力新质、发展方式绿色低碳、发展成果公平共享和发展环境安全稳定四个方面构建评价指标体系，测度其发展水平特征及不充分的具体成因。主要结论如下：

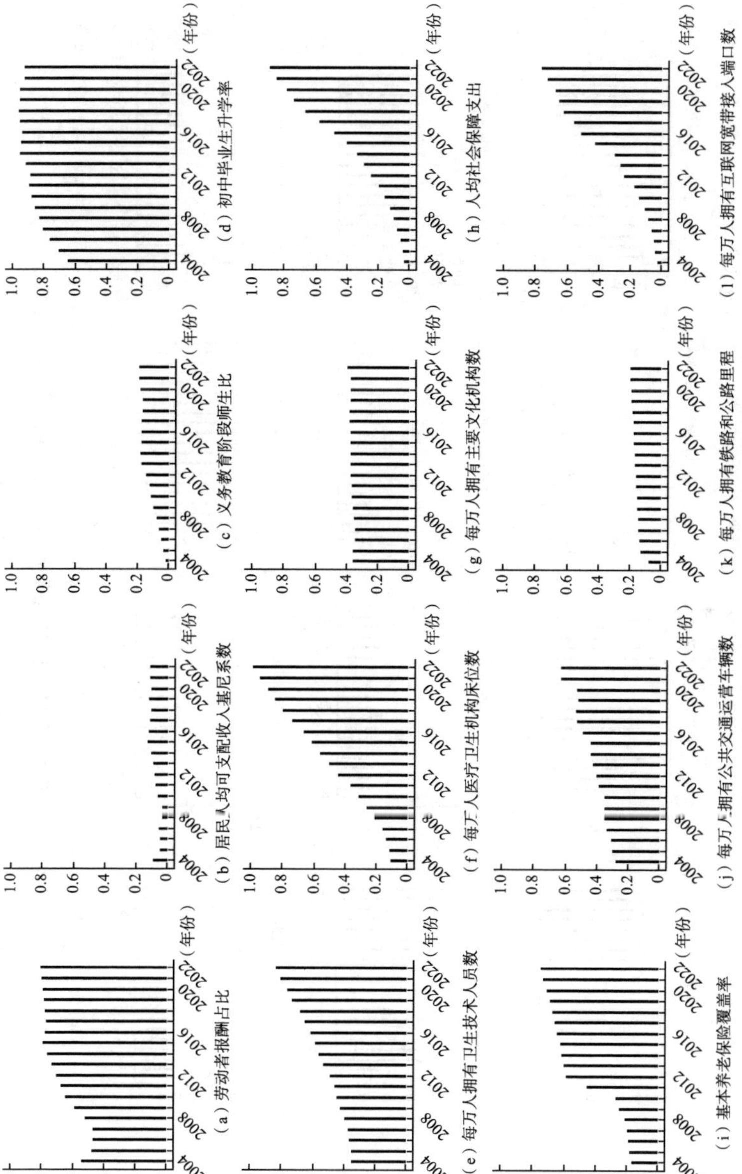

图 5-3　2004～2022 年发展成果公平共享不充分指数

资料来源：笔者整理。

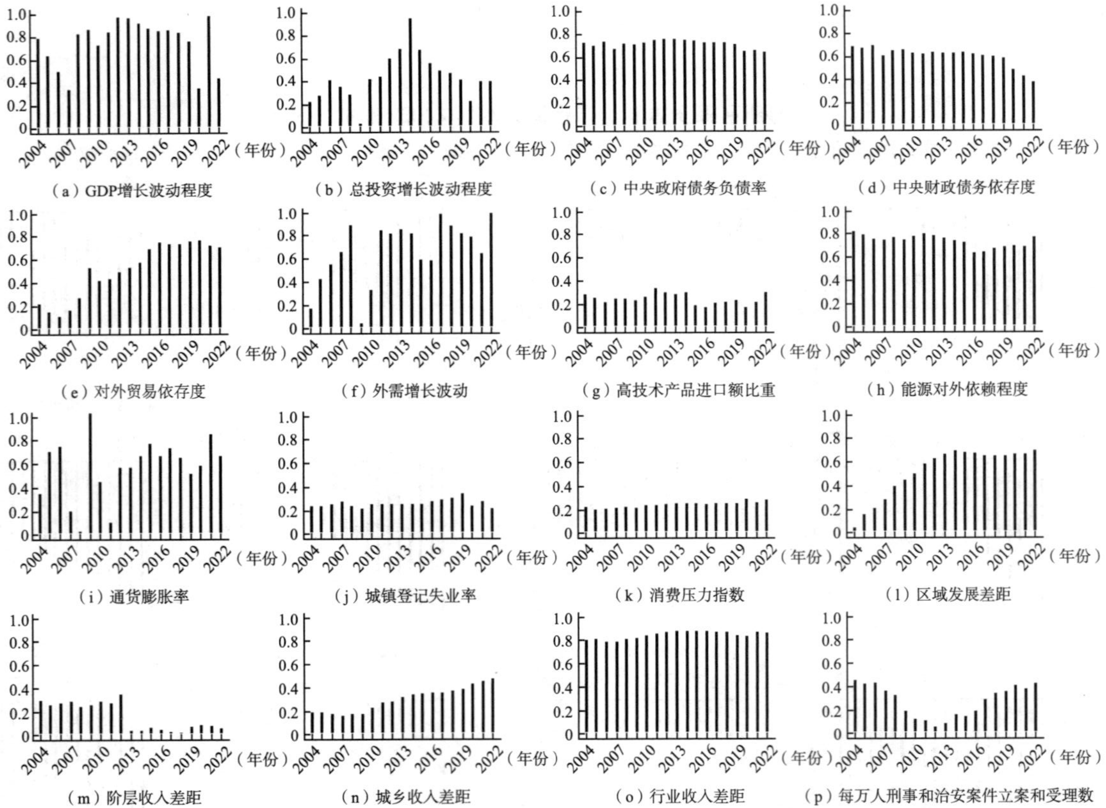

图 5–6　2004~2022 年发展环境安全稳定不充分指数

注：消费压力指数为城镇和农村居民人均消费支出与人均可支配收入比的加权和。

资料来源：笔者整理。

第一，经济高质量发展是由我国经济社会发展的历史、实践和理论逻辑共同决定的。实现社会主义现代化的历史任务调整，由原来的基本实现现代化，转变为建成富强民主文明和谐美丽的社会主义现代化强国，必然需要经济高质量发展来作为保障和支撑，这是历史逻辑所决定的；面对社会主要矛盾变化和世界百年未有之大变局，当前人民对美好生活的需要只能通过推动经济高质量发展才能满足，从而必须调整发展战略才能实现发展目标和目的，同时也必须创新中国特色社会主义经济理论才能与之相辅相成，这是实践逻辑和理论逻辑所决定的。

第二，经济高质量发展的内涵是多维的和动态的。一方面，经济高质量发展是发展理念、发展方式、发展目标和目的的多重统领和提升；另一方面，经济高质量发展既是一种发展状态，具有高科技、高效能、高质量特征，是以新质生产力为支撑的经济发展质态，也是一种发展过程，是以产业深度转型升级和经济发展方式转变为基本特征的永久持续的动态过程。

第三，我国经济发展质量在逐渐提升，但是当前仍然处于发展不充分阶段。分维度来看，发展动力质态取得显著进展，但在要素动力层面提升迅速，而在产业动力层面提升缓慢；发展方式绿色低碳转型成效明显，相较于生活方式转型，生产方式转型更为显著。发展成果的公平共享性快速提升，尤其是在公共服务领域。发展环境的安全稳定性经历“阶梯”跃升后整体上呈平稳发展态势，但总体上经济运行环境的安全稳定性相对较小。

第四，当前我国经济发展质量不充分，主要成因在于：①原始创新能力与“新质”产业体系发展不充分。应整合科技创新资源，持续加大研发投入，增强原始创新能力。加快产业数字化转型发展，推动数字经济与实体经济深度融合，增强制造业发展优势，提升生产性服务业效率和专业化水平，大力发展战略性新兴产业。②能源利用效率提升不充分。应加快能源利用效率提升，在生产方式方面，强化基金支持，引导相关企业增加节能、节水及废物综合利用等的技术改造投入，同时加强用能单位节能管理。在生活方式方面，大力开展绿色生活情景创建，如绿色出行、绿色家庭和绿色社区等创建活动。③教育资源、文化及公共交通服务不充分。应加大公共教育资源投入、公共文化建设投入及公共交通通道能力和网络建设投入。④经济系统产出和产业安全不充分。既要着力提升产业链供应链韧性和安全，稳定经济增长，也要深化投资领域改革，扩大有效投资，通过稳投资有力支撑稳增长。⑤社会系统生活压力和极化程度存在。就业连接着千家万户的生活，应从供给端提高劳动者就业能力和素质，需求端统筹双循环发展格局，拓宽就业渠道，依靠数字经济强化培育多元就业形态。此外，健全就业促进机制，加大基金支持力度。深化收入分配制度改革，如完善要素市场分配机制，提高城乡生产要素流动性，建立和完善城乡融合发展和“以城带乡”的体制机制，同时构建现代化乡村产业体系，促进乡村振兴。

5.5 本章小结

本章在解读和界定经济高质量发展内涵的基础上，基于新质生产力视角，从发展动力新质、发展方式绿色低碳、发展成果公平共享和发展环境安全稳定四个方面构建评价指标体系，测度其发展水平特征及不充分的具体成因。结果表明：

（1）经济高质量发展是由我国经济社会发展的历史、实践和理论逻辑共同决定的。实现社会主义现代化的历史任务调整，由原来的基本实现现代化，转变为建成富强民主文明和谐美丽的社会主义现代化强国，必然需要经济高质量发展来作为保障和支撑，这是历史逻辑所决定的；面对社会主要矛盾变化和世界百年未有之大变局，当前人民对美好生活的需要只能通过推动经济高质量发展才能满足，从而必须调整发展战略才能实现发展目标和目的，同时也必须创新中国特色社会主义经济理论才能与之相辅相成，这是实践逻辑和理论逻辑所决定的。

（2）经济高质量发展的内涵是多维的和动态的。一方面，经济高质量发展是发展理念、发展方式、发展目标和目的的多重统领和提升；另一方面，经济高质量发展既是一种发展状态，具有高科技、高效能、高质量特征，是以新质生产力为支撑的经济发展质态，也是一种发展过程，是以产业深度转型升级和经济发展方式转变为基本特征的永久持续的动态过程。

（3）我国经济发展质量在逐渐提升，但是当前仍然处于发展不充分阶段。分维度来看，发展动力质态取得显著进展，但在要素动力层面提升迅速，而在产业动力层面提升缓慢；发展方式绿色低碳转型成效明显，相较于生活方式转型，生产方式转型更为显著。发展成果的公平共享性快速提升，尤其在公共服务领域。发展环境的安全稳定性经历“阶梯”跃升后整体上呈平稳发展态势，但总体上经济运行环境的安全稳定性相对较小。

（4）当前我国经济发展质量不充分，主要成因：原始创新能力与“新质”产业体系发展不充分；能源利用效率提升不充分；教育资源、文化及公共交通服务不充分；经济系统产出和产业安全不充分；社会系统生活压力和极化程度较为严重。

第6章 产业转型升级对经济高质量发展影响的时变特征研究

为探究产业转型升级对经济高质量发展的影响，本书在产业转型升级以及经济高质量发展的内涵界定和水平测度的基础上，利用计量模型分析产业转型升级对经济高质量发展的关系，从而探究我国产业转型升级对经济高质量发展的影响作用特征，有利于明确我国经济高质量发展与产业转型升级的关系，为我国经济高质量发展提供具体的政策建议。

6.1 方法的选择与模型的设定

关于产业结构变迁与经济增长关系的研究，现有相关研究一方面利用最优增长理论，从理论上探讨产业转型升级与经济增长的关系和路径，但基于最优经济增长路径提出的产业结构演变最优路径很难符合实际情况；另一方面，利用普通线性回归模型或面板回归模型分别分析产业结构高度化与合理化对经济增速或生产效率的影响，但现有研究只是探讨了产业结构变迁对经济增长的影响，鲜有分析产业转型升级对经济发展的影响。此外，这两方面的研究实际上都把产业结构优化的高度化和合理化过程，割裂成两个独立过程来分析。基于此，本书在综合测度产业转型升级水平，以及经济高质量发展水平的基础上，探究产业转型升级对经济高质量发展影响作用的特征。

考察产业转型升级对经济高质量发展的影响，首先可以考虑传统的线性回归模型，但考虑到普通的回归模型只能观测系统的平均效应，而且我国的产业结构和经济在不断发展、变化，两者之间的影响关系也可能随时间的推移而存在变化，所以该部分本书利用状态空间模型来考察产业转型升级对经济高质量发展影响的时变特征。

6.1.1　状态空间模型的形式及估计方法

状态空间模型是一个经典的动态时域模型，其最大的优势是可以估计不可观测的时间变量，通常一个线性状态空间模型主要由量测方程和状态方程构成，其中量测方程如下：

$$\boldsymbol{y}_t = \boldsymbol{Z}_t \boldsymbol{\alpha}_t + \boldsymbol{d}_t + \boldsymbol{\mu}_t,\quad t = 1,2,\cdots,T \tag{6-1}$$

其将系统在某时刻的被解释变量、系统的状态及解释变量联系起来，式中：T 为时期长度；$\boldsymbol{y}_t$ 为 $k\times 1$ 维的可观测变量；$\boldsymbol{\alpha}_t$ 为 $m\times 1$ 维的状态向量；$\boldsymbol{Z}_t$ 为 $k\times m$ 维矩阵；$\boldsymbol{d}_t$ 为具有固定参数的解释变量的 $k\times 1$ 维向量；$\boldsymbol{\mu}_t$ 是 $k\times 1$ 维的不相关扰动项向量，其满足 $E(\boldsymbol{\mu}_t)=0$ ，$\mathrm{var}(\boldsymbol{\mu}_t)=H_t$。状态方程如下：

$$\boldsymbol{\alpha}_t = \boldsymbol{T}_t \boldsymbol{\alpha}_{t-1} + \boldsymbol{c}_t + \boldsymbol{R}_t \boldsymbol{\varepsilon}_t,\quad t = 1,2,\cdots,T \tag{6-2}$$

其反映了系统在解释变量的作用下，在某时刻所转移到的状态，式中：$\boldsymbol{T}_t$ 为 $m\times m$ 维的矩阵；$\boldsymbol{c}_t$ 为 $m\times 1$ 维的向量；$\boldsymbol{R}_t$ 为 $m\times g$ 维矩阵；$\boldsymbol{\varepsilon}_t$ 为 $g\times 1$ 维的不相关扰动项向量，其满足 $E(\boldsymbol{\varepsilon}_t)=0$ ，$\mathrm{var}(\boldsymbol{\varepsilon}_t)=Q_t$。

为了保证状态空间模型成立，模型还需满足以下各式：

$$E(\boldsymbol{\alpha}_0)=\boldsymbol{a}_0,\quad \mathrm{var}(\boldsymbol{\alpha}_0)=\boldsymbol{P}_0 \tag{6-3}$$

$$E(\boldsymbol{\mu}_t \boldsymbol{\varepsilon}_s')=0,\quad s,t=1,2,\cdots,T \tag{6-4}$$

$$E(\boldsymbol{\mu}_t \boldsymbol{\alpha}_0')=0,\quad E(\boldsymbol{\varepsilon}_t \boldsymbol{\alpha}_0')=0,\quad t=1,2,\cdots,T \tag{6-5}$$

式中：$\boldsymbol{a}_0$ 和 $\boldsymbol{P}_0$ 分别为初始状态向量 α_0 的均值和协方差矩阵。

上述量测方程和状态方程中的矩阵 $\boldsymbol{Z}_t$、$\boldsymbol{d}_t$ 及 $\boldsymbol{H}_t$ 和 $\boldsymbol{T}_t$、$\boldsymbol{c}_t$、$\boldsymbol{R}_t$ 及 $\boldsymbol{Q}_t$ 称为系统矩阵，当其已知时，便可以通过卡尔曼滤波（Kalman，1960）递推公式来计算状态向量的估计量。一般情况下，卡尔曼滤波的公式由预测方程和更新方程构成，若假设 $Y_T=\{y_T, y_{T-1},\cdots,y_1\}$ ，其为 $t=T$ 时所有可利用

的信息的集合，a_{t-1} 为 α_{t-1} 的估计量，其基于信息集合 Y_{t-1} 得到，P_{t-1} 为估计误差的协方差矩阵，其计算公式如下：

$$P_{t-1}=E\left[\left(\alpha_{t-1}-a_{t-1}\right)\left(\alpha_{t-1}-a_{t-1}\right)'\right] \tag{6-6}$$

当给定 a_{t-1} 和 P_{t-1} 时，预测方程如下：

$$a_{t|t-1}=E\left(\alpha_t|Y_{t-1}\right)=T_t a_{t-1}+c_t \tag{6-7}$$

$$P_{t|t-1}=\operatorname{var}\left(\alpha_t|Y_{t-1}\right)=T_t P_{t-1} T_t'+R_t Q_t R_t',\ t=1,2,\cdots,T \tag{6-8}$$

式中：$a_{t|t-1}$ 和 $P_{t|t-1}$ 为状态向量 α_t 的条件均值和条件误差协方差矩阵，其是以直到 t–1 为止的信息集合 Y_{t-1} 为条件。需要强调的是，当扰动项和初始状态向量 α_0 服从正态分布时，若以信息集 Y_{t-1} 为条件，α_t 的均方误差如下：

$$\text{MSE}\left(\hat{\alpha}_{\text{t}}\right)=\operatorname{var}\left(\alpha_{\text{t}}|Y_{t-1}\right)+E\left\{\left[\hat{\alpha}_t-E\left(\alpha_{\text{t}}|Y_{t-1}\right)\right]^2\right\} \tag{6-9}$$

当 $\hat{\alpha}_t=E\left(\alpha_{\text{t}}|Y_{t-1}\right)$ 时，均方误差恰好最小，因此在均方误差意义下，$a_{t|t-1}$ 是 α_t 的最小均方估计。此外，即使扰动项不服从正态分布，只要估计量是观测值的线性组合，$a_{t|t-1}$ 仍然是均方意义下的最优估计量，此时称为最小均方线性估计量。

在预测方程的基础上，一旦获得新的预测值 y_t，便可利用更新方程修正 $a_{t|t-1}$，从而修正 α_t 的估计，通常更新方程如下：

$$\alpha_t=a_{t|t-1}+P_{t|t-1}Z_t'F_t^{-1}\left(y_t-Z_t a_{t|t-1}-d_t\right) \tag{6-10}$$

$$P_t=P_{t|t-1}-P_{t|t-1}Z_t'F_t^{-1}Z_t P_{t|t-1} \tag{6-11}$$

其中，

$$F_t=Z_t P_{t|t-1}Z_t'+H_t,\ t=1,2,\cdots,T \tag{6-12}$$

上述的卡尔曼滤波递推公式是在系统矩阵已知的情况下进行的，但在实际中，系统矩阵通常是未知的，且其依赖于超参数（一个未知参数集合，用向量 ψ 表示）。因此，在实际中，要想估计状态向量，需要先估计未知的超参数，考虑到极大似然估计量具有很多优良的性质，本书利用极大似然估计法来估计状态空间模型中的超参数，其似然函数如下：

$$L(y;\psi)=\sum_{t=1}^{T}P\left(y_t\middle|Y_{t-1}\right) \tag{6-13}$$

式中：$P\left(y_t\middle|Y_{t-1}\right)$为以直到 $t-1$ 的信息集合为条件的条件概率密度函数，似然函数中不使用y_t的联合概率密度函数，主要是考虑到经济时间序列变量间通常是非独立的。如果总体服从正态分布，上述似然函数的对数似然函数可以写为

$$\ln L(y;\psi)=-\frac{Tk}{2}\ln 2\pi-\frac{1}{2}\sum_{t=1}^{T}\ln\left|F_t\right|-\frac{1}{2}\sum_{t=1}^{T}\upsilon_t{}'F_t^{-1}\upsilon_t \tag{6-14}$$

式中：υ_t为预测误差，也称新息，其是y_t与其最小均方线性估计量$\tilde{y}_{t|t-1}$（y_t基于Y_{t-1}的条件均值）的差，即

$$\upsilon_t=y_t-\tilde{y}_{t|t-1}=Z_t\left(\alpha_t-a_{t|t-1}\right)+\mu_t \tag{6-15}$$

6.1.2　时变参数状态空间模型的设定

状态空间模型在估计模型参数时，主要是通过预测误差分解计算似然函数，而且其优势在于一旦获得新的观测值，便能够利用卡尔曼滤波连续地修正状态向量的估计。实际上许多时间序列模型都可以表示成状态空间模型的形式，在实际的经济问题分析中，为了刻画系统中变量间关系在不同时期的动态特征，可以将可变参数模型表示为状态空间模型（高铁梅，2009），具体形式为

$$y_t=x_t'\beta_t+W_t\gamma+\mu_t \tag{6-16}$$

$$\beta_t=\lambda\beta_{t-1}+\varepsilon_t \tag{6-17}$$

并假定

$$\left(\boldsymbol{\mu}_t,\boldsymbol{\varepsilon}_t\right)'\sim N\left(\begin{pmatrix}0\\0\end{pmatrix},\begin{pmatrix}\sigma^2 & g\\ g & Q\end{pmatrix}\right) \tag{6-18}$$

式中：可变参数β_t为不可观测变量，实际上，式（6–16）与式（6–1）对应，$\boldsymbol{Z}_t=x_t$，$\boldsymbol{d}_t=W_t\gamma$为具有固定参数的解释变量向量；式（6–17）与式（6–2）对应，$\boldsymbol{T}_t=\lambda$，$\boldsymbol{c}_t=0$，$\boldsymbol{R}_t$为单位矩阵。

考虑我国产业结构和经济在不断变化、发展，两者之间的影响关系也

可能随时间变化而存在变化，为了分析产业转型升级对经济高质量发展的动态影响，本书选用上文测度的产业结构优度（ITU）为解释变量，经济高质量发展综合指数（HQED）及其分项指数（MFD、DM、DA 和 DE）为被解释变量，分别建立时变参数状态空间模型，详细分析产业转型升级对经济高质量发展及内部系统的时变特征。以经济高质量发展综合指数（HQED）为被解释变量，其与产业结构优度（ITU）构建的时变参数状态空间模型具体如下：

$$\begin{cases} \mathrm{HQED}_t = \beta_t \mathrm{ITU}_t + \mu_t \\ \beta_t = \beta_{t-1} \end{cases} \tag{6-19}$$

以发展动力新质指数（MFD）为被解释变量，其与产业结构优度（ITU）构建的时变参数状态空间模型具体如下：

$$\begin{cases} \mathrm{MFD}_t = \beta_0 + \beta_t \mathrm{ITU}_t + \mu_t \\ \beta_t = \beta_{t-1} \end{cases} \tag{6-20}$$

以发展方式绿色低碳指数（DM）为被解释变量，其与产业结构优度（ITU）构建的时变参数状态空间模型具体如下：

$$\begin{cases} \mathrm{DM}_t = \beta_0 + \beta_t \mathrm{ITU}_t + \mu_t \\ \beta_t = \beta_{t-1} \end{cases} \tag{6-21}$$

以发展成果公平共享指数（DA）为被解释变量，其与产业结构优度（ITU）构建的时变参数状态空间模型具体如下：

$$\begin{cases} \mathrm{DA}_t = \beta_0 + \beta_t \mathrm{ITU}_t + \mu_t \\ \beta_t = \beta_{t-1} \end{cases} \tag{6-22}$$

以发展环境安全稳定指数（DE）为被解释变量，其与产业结构优度（ITU）构建的时变参数状态空间模型具体如下：

$$\begin{cases} \mathrm{DE}_t = \beta_0 + \beta_t \mathrm{ITU}_t + \mu_t \\ \beta_t = \beta_{t-1} \end{cases} \tag{6-23}$$

6.2　模型的检验与实证结果分析

6.2.1　模型适用性的检验

为了避免模型出现“伪回归”问题，时变参数状态空间模型要求时间序列是平稳的，或变量之间存在协整关系。因此，为了确保模型的适用性，以及估计结果的有效性，本书首先检验解释变量与各个被解释变量的平稳性，具体结果如表 6–1 所示。

表 6–1　各变量及其差分序列的 ADF 单位根和协整检验

变量属性	序列		ADF 统计量	5% 的临界值	P 值
因变量	HQED	原序列	–5.0873	–3.7105	0.0043
		回归残差序列	–2.8020	–1.9628	0.0081
	MFD	原序列	–2.0166	–3.7597	0.5464
		一阶差分	–0.8628	–1.9663	0.3256
		二阶差分	–3.8149	–1.9684	0.0010
		回归残差序列	–2.6557	–1.9628	0.0113
	DM	原序列	–1.3124	–3.7105	0.8487
		一阶差分	–1.1510	–1.9663	0.2159
		二阶差分	–8.6801	–1.9663	0.0000
		回归残差序列	3.3778	–1.9740	0.0013
	DA	原序列	–1.6113	–3.7105	0.7447
		一阶差分	–0.4318	–1.9644	0.5108
		二阶差分	–5.0547	–1.9663	0.0001
		回归残差序列	–2.8967	–1.9684	0.0071
	DE	原序列	–2.4108	–3.7105	0.3616
		一阶差分	–5.1538	–1.9644	0.0000
		回归残差序列	–2.4239	–1.9628	0.0188
自变量	ITU	原序列	–0.9737	–3.7105	0.9211
		一阶差分	0.1783	–1.9663	0.7238
		二阶差分	–7.8638	–1.9663	0.0010

注：表中原序列、一阶差分、二阶差分分别是指对各变量的原始值序列，一阶差分序列和二阶差分序列进行 ADF 检验；回归残差序列是指利用 EG 两步法检验时，由各自回归模型得到的残差序列。

资料来源：笔者整理。

由表 6–1 的检验结果得知，首先各变量的原序列在 5% 显著性水平下，除 HQED 外均未通过单位根检验（ADF 检验），说明产业结构优度和经济高质量发展分项指数都是非平稳的时间序列，然后接着对其差分序列进行平稳性检验，结果显示各序列的一阶差分序列仍然不平稳，但二阶差分序列均平稳，即各序列均是二阶单整序列。在各变量序列同阶单整的基础上，最后进一步利用 EG（Engle 和 Granger）两步法检验 HQED、MFD、DM、DA 及 DE 分别与 ITU 之间是否存在协整关系，具体操作为先分别建立 HQED、MFD、DM、DA 及 DE 与 ITU 的线性回归模型，然后对各个线性回归模型的残差序列进行单位根检验，结果显示在 5% 的显著性水平下，各残差序列均不存在单位根过程，从而表明各被解释变量（HQED、MFD、DM、DA 及 DE）与解释变量（ITU）之间存在长期稳定的均衡关系，可以进一步进行时变参数状态空间模型的拟合与估计。

6.2.2 时变参数状态空间模型的估计结果与分析

依据上述选择的方法和模型，本书分别建立了 HQED、MFD、DM、DA 及 DE 与 ITU 的时变参数状态空间模型，通过极大似然估计法和卡尔曼滤波算法得到了各模型的参数估计值和时变的状态向量，表 6–2 显示了各模型最终系数的估计值及其检验结果。

表 6–2 各时变参数状态空间模型的系数及检验结果

因变量	HQED	MFD	DM	DA	DE
自变量	ITU				
Final State（最终系数 β_T）	0.1757	0.0491	0.0281	0.0557	0.0428
Root MSE（均方根误差）	0.0022	0.0032	0.0007	0.0021	0.0035
z–Statistic（Z 检验统计量）	80.1772	15.3087	41.1576	26.1362	12.3294
Prob.（P 值）	0.0000	0.0000	0.0000	0.0000	0.0000
Log likelihood（对数似然值）	26.8663	20.3820	46.6851	27.3550	19.0413
Akaike info criterion（AIC）	–2.8740	–2.1536	–5.0761	–2.9283	–2.0046
Schwarz criterion（SC）	–2.8246	–2.1041	–5.0267	–2.8789	–1.9551

注：表中 Final State 是最终系数，表示 T 时期的估计系数。

资料来源：笔者整理。

6.2.2.1　产业转型升级对经济高质量发展影响的时变特征

对于产业转型升级与经济高质量发展影响关系的动态特征，由表 6–2 可知，产业结构优度对经济高质量发展影响的系数最终状态值为 0.18，且其 Z 检验统计量较大，在 5% 的显著性水平下，P 值小于 0.05，同时模型的 AIC 和 SC 值均较小。由此表明，模型的整体拟合效果较好，并且其系数通过了显著性检验，从而说明产业转型升级对经济高质量发展具有较大的推动作用。

从 HQED 与 ITU 的时变系数图看（见图 6–1），2005~2022 年，中国产业转型升级对经济高质量发展的动态影响关系呈长尾的“L”形特征：2005~2022 年，产业转型升级对经济高质量发展的推动作用先逐年下降，但在 2013 年后，影响系数基本稳定，即由初始状态的 0.23 逐渐下降到 0.17，然后呈现持续稳定的状态。

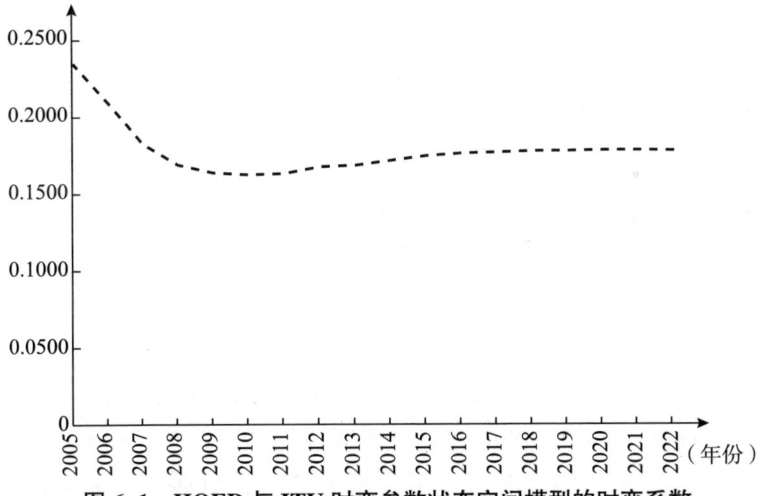

图 6–1　HQED 与 ITU 时变参数状态空间模型的时变系数

资料来源：笔者整理。

6.2.2.2　产业转型升级对发展动力影响的时变特征

对于产业转型升级与发展动力新质影响关系的动态特征，由表 6–2 可知，产业结构优度对发展动力影响的系数最终状态值为 0.0491，其相对产业结构优度对经济高质量发展的最终影响系数较小，在 5% 的显著性水平下，P 值小于 0.05，同时模型的 AIC 和 SC 值均也较小。由此表明，模型的整体拟合效果较好，并且其系数通过了显著性检验，从而说明产业转型升级对经济发展动力质态提升具有一定的推动作用。

从 MFD 与 ITU 的时变系数图看（见图 6–2），2005~2022 年，中国产业转型升级对经济发展的发展动力质态提升的动态影响关系大体上呈敞口的“U”形特征。2005~2022 年，产业转型升级对经济发展动力质态水平的推动作用先逐年下降，在 2012 年降到最低点，并进入谷底稳定影响期，最后在 2014 年之后起底反弹，影响系数又逐渐增加，即由初始状态的 0.08 逐渐下降到 0.02，并在短期稳定后，逐渐上升到最终状态的 0.05。

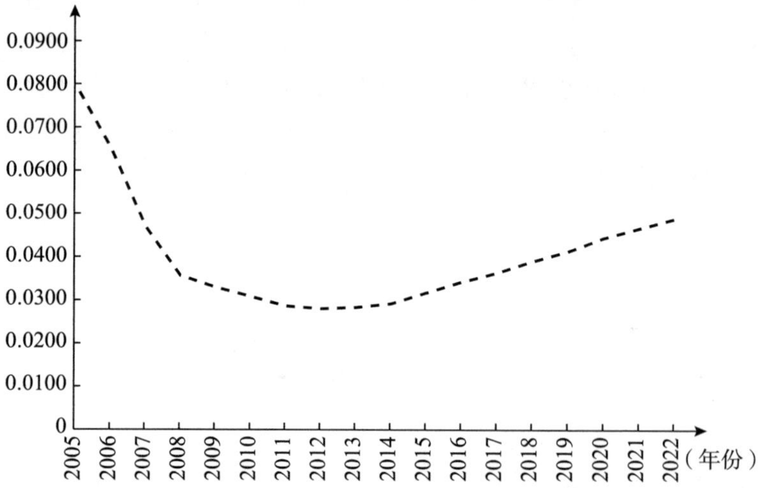

图 6–2　MFD 与 ITU 时变参数状态空间模型的时变系数

资料来源：笔者整理。

6.2.2.3　产业转型升级对发展方式影响的时变特征

对于产业转型升级与经济发展方式绿色低碳影响关系的动态特征，由表 6–2 可知，产业结构优度对经济发展方式绿色低碳影响系数的最终状态值为 0.03，并且其在 5% 的显著性水平下，P 值小于 0.05，同时模型的 AIC 和 SC 值均较小。由此表明，模型的整体拟合效果较好，并且其系数通过了显著性检验，从而说明产业转型升级对经济发展方式绿色低碳提升也具有一定的推动作用。

从 DM 与 ITU 的时变系数图看（见图 6–3），2005~2022 年，中国产业转型升级对经济发展方式绿色低碳的影响在前期逐渐增大，并在后期总体上维持稳定，由 2006 年的 0.02 逐渐增大到 2016 年的 0.03，之后基本稳定在 0.03 左右。

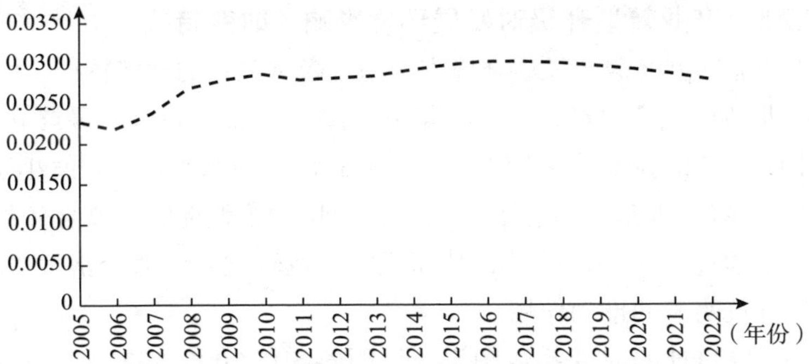

图 6–3　DM 与 ITU 时变参数状态空间模型的时变系数

资料来源：笔者整理。

6.2.2.4　产业转型升级对发展成果影响的时变特征

对于产业转型升级与发展成果公平共享影响关系的动态特征，由表 6–2 可知，产业结构优度对经济发展成果公平共享的影响系数的最终状态值为 0.06，并且其 Z 检验统计量较大，在 5% 的显著性水平下，P 值小于 0.05，同时模型的 AIC 和 SC 值均较小。由此表明，模型的整体拟合效果较好，并且其系数通过了显著性检验，从而说明产业转型升级对经济发展成果共享具有较为明显的推动作用。

从 DA 与 ITU 的时变系数图看（见图 6–4），中国产业转型升级对经济发展成果共享的动态影响关系呈现拉宽的“S”形特征。2005~2022 年，产业转型升级对经济发展成果公平共享的推动作用在逐年增大，但在 2005~2011 年，其以较快的速度不断增大，在 2012~2016 年，其增大的速度逐渐减缓，并在 2017~2022 年以后基本保持稳定。

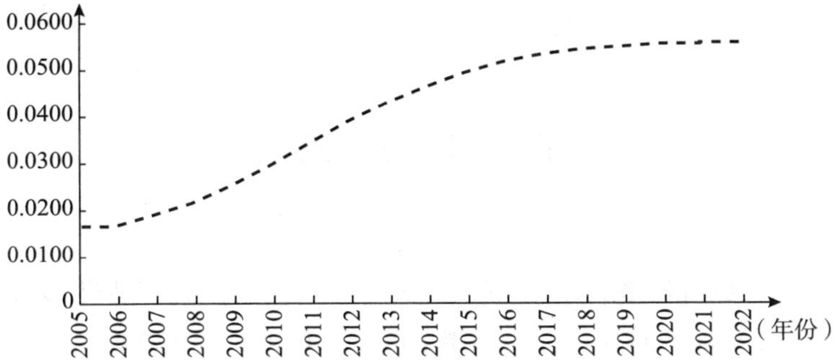

图 6–4　DA 与 ITU 时变参数状态空间模型的时变系数

资料来源：笔者整理。

6.2.2.5 产业转型升级对发展环境影响的时变特征

对于产业转型升级与发展环境安全稳定影响关系的动态特征，由表 6–2 可知，产业结构优度对经济发展环境安全稳定的影响系数的最终状态值为 0.04，并且其 Z 检验统计量较大，在 5% 的显著性水平下，P 值小于 0.05，同时模型的 AIC 和 SC 值均较小。由此表明，模型的整体拟合效果较好，并且其系数通过了显著性检验，从而说明产业转型升级对经济发展环境安全稳定具有较明显的推动作用。

从 DE 与 ITU 的时变系数图看（见图 6–5），2005~2022 年，产业转型升级对经济发展环境安全稳定的推动作用在逐年减弱，但在 2012 年之前，其以较快的速度不断减小，在 2012 年以后，其减弱的速度逐渐放缓。

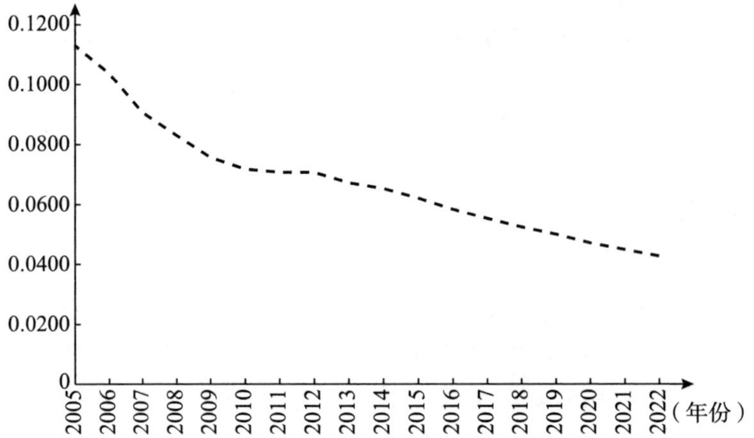

图 6–5 DE 与 ITU 时变参数状态空间模型的时变系数

资料来源：笔者整理。

6.3 本章小结

本章的主要内容是利用时变参数状态空间模型探究产业转型升级对经济高质量发展影响的时变特征，结果表明：总体上，中国产业转型升级对经济高质量发展的影响作用呈现长尾的“L”形特征。分项来看，产业转型升级对经济发展的发展动力质态的动态影响关系大体上呈现敞口的“U”形特征；对经济发展方式绿色低碳的影响在前期逐渐增大，并在后期总体上维持稳定；对经济发展成果共享的动态影响关系呈现拉宽的“S”形特征，对经济发展成果公平共享的推动作用在逐年增大；对经济发展环境安全稳定的推动作用在逐年减弱，但近些年其减弱的速度逐渐放缓。

第7章 产业转型升级对不同经济高质量发展水平影响的异质性研究

上一章我们利用状态空间模型考察了中国产业转型升级对经济高质量发展影响的时变特征。为进一步探讨产业转型升级对经济高质量发展的影响作用，本章我们利用分位数回归模型，探析在经济发展质量的不同水平下，产业转型升级对经济高质量发展影响的异质性。

7.1 方法的选择与模型的设定

7.1.1 方法的选择

在考察定量与变量间的数量关系时，经典的线性回归模型是最常用的统计分析方法，其本质上是均值回归，刻画解释变量与被解释变量条件期望的依存关系，通常通过普通最小二乘法估计模型参数。在满足经典假定的条件下，经典线性回归模型能够很好地反映解释变量与被解释变量的数量依存关系，但其也存在以下三个方面的不足：第一，普通的均值回归模型只描述了条件分布 $y|x$ 集中趋势一个方面的特征，若条件分布 $y|x$ 是对称分布，则尚可用其分析解释变量对被解释变量条件均值的影响，但若条件分布 $y|x$ 不对称，如果仍然用条件均值反映条件分布集中趋势的特征，则其代表性将较差。第二，经典线性回归模型要求扰动项具有正态性，若扰动项不满足正态假定，则其估计量的有效性将大打折扣。第三，经典线性回归模型经常使用最小二乘法，该方法的目标函数为最小化的残差平方

和，其容易受极端值的影响。

为了弥补经典线性回归模型的不足，Koenker 和 Bassett（1978）提出了分位数回归模型，其通过若干分位数如中位数、上下四分位数等全面地描述条件分布 $y|x$ 的集中趋势，从而可以更全面地反映被解释变量条件分布的数量特征。

假设 $F(\mathrm{y})=p(Y\leqslant y)$ 为变量 Y 的累积概率分布函数，则 Y 的 τ 分位数定义如下：

$$q(\tau)=\inf\{y|x:F(y)\geqslant\tau\},\ 0<\tau<1 \tag{7-1}$$

其可由最小化关于 ξ 的目标函数得到，即

$$\begin{aligned} q(\tau) &= \arg\min_{\xi}\left\{\tau\int_{y>\xi}|y-\xi|\,\mathrm{d}F(y)+(1-\tau)\int_{y<\xi}|y-\xi|\,\mathrm{d}F(y)\right\} \\ &= \arg\min_{\xi}\left\{\int\rho_{\tau}(y-\xi)\mathrm{d}F(y)\right\} \end{aligned} \tag{7-2}$$

式中：$\arg\min_{\xi}(\cdot)$ 为函数取最小值时 ξ 的取值；$\rho_{\tau}(\mu)=\mu(\tau-\mathrm{I}(\mu<0))$ 为检查函数，其根据 μ 的取值符号进行非对称加权。

考察上述最优化问题的解，其一阶条件为

$$\begin{aligned} 0 &= -\tau\int_{y>\xi}\mathrm{d}F(\mathrm{y})+(1-\tau)\int_{y<\xi}\mathrm{d}F(y) \\ &= -\tau(1-F(\xi))+(1-\tau)F(\xi) \\ &= -\tau+F(\xi) \end{aligned} \tag{7-3}$$

从而上述最优化的解是 $F(y)$ 的第 τ 个分位点值。

由此被解释变量 Y 的条件分位数可表示为

$$q(\tau\,|x_i,\beta(\tau))=x_i'\beta(\tau) \tag{7-4}$$

式中：x_i 为解释变量向量；$\beta(\tau)$ 为分位数系数向量。若将变量和参数形式写成 $x_i=(1,x_{i1}')'$，$\beta(\tau)=(\beta_0(\tau),\beta_1(\tau)')'$，则上述分位数回归模型可以表示为

$$q(\tau|x_i,\beta(\tau))=\beta_0(\tau)+x_{i1}'\beta_1(\tau) \tag{7-5}$$

其参数估计通过如下最小化问题得到：

$$\hat{\beta}(\tau)=\arg\min_{\beta(\tau)}\left(\sum_{i=1}^{N}\rho_{\tau}\left(y_i-x_i'\beta(\tau)\right)\right) \tag{7–6}$$

若 τ =1/2, 最小化的目标函数可以表示为

$$\hat{\beta}(\tau)=\arg\min_{\beta(\tau)}\left(\sum_{i=1}^{N}\left|y_i-x_i'\beta(\tau)\right|\right) \tag{7–7}$$

很显然，其是一个最小绝对离差估计量，从而相较于普通最小二乘法，分位数回归模型的估计结果更为稳健。

考虑到分位数回归模型的最小化目标函数含有绝对值，$\beta(\tau)$ 的估计值一般采用线性规划的方法来估算。通常情况下，分位数回归系数的估计量服从渐近正态分布，但其渐近系数协方差的估计方法根据模型残差的分布假定而不同。本书在独立同分布的假定下采用稀疏矩阵算法计算渐近系数协方差。在独立同分布假定下，分位数回归的估计量服从渐近正态分布

$$\sqrt{N}\left(\hat{\beta}(\tau)-\beta(\tau)\right)\xrightarrow{d}N\left(0,\tau(1-\tau)s(\tau)^2J^{-1}\right) \tag{7–8}$$

其中，

$$J=\lim_{N\to\infty}\left(\sum_{i=1}^{N}x_ix_i'/N\right)=\lim_{N\to\infty}\left(X'X/N\right) \tag{7–9}$$

$$s(\tau)=F^{-1'}(\tau)=1/f\left(F^{-1}(\tau)\right) \tag{7–10}$$

式中：$s(\tau)$ 为稀疏函数，其是 τ 分位点下分位数函数的导数或密度函数的倒数，给定了第 τ 分位点下的稀疏值，便于能够直接地估计分位回归系数的协方差矩阵，但由于其取决于未知的分布函数 F，一般需要通过 Siddiqui 差商法和核密度估计法这两种方法来估计得出。为了估计结果的精确度，本书采用 Siddiqui 均值拟合方法（Koenker and Bassett，1982）估计稀疏度，其实际上是通过计算经验分位函数的差商

$$\hat{s}(\tau)=\left[\hat{F}^{-1}(\tau+h_N)-\hat{F}^{-1}(\tau-h_N)\right]/(2h_N) \tag{7–11}$$

式中：h_N 为带宽，本书带宽的设定选择 Hall–Sheather 方法，即

$$h_N=N^{-1/3}Z_{\alpha}^{2/3}\left(\frac{1.5\left(\phi\left(\Phi^{-1}(\tau)\right)\right)^2}{2\left(\Phi^{-1}(\tau)\right)^2+1}\right)^{1/3} \tag{7–12}$$

在给定带宽 h_N 下，首先分别对 $\tau+h_N$ 和 $\tau-h_N$ 进行分位数回归，其次利用

估计出的系数拟合分位数值，最后带入式（7–13），就可估计出稀疏度，即

$$\hat{s}(\tau)=\bar{X}\left[\hat{\beta}(\tau+h_N)-\hat{\beta}(\tau-h_N)\right]\Big/(2h_N) \tag{7–13}$$

7.1.2　模型的设定

根据上述的方法选择，为了分析不同经济高质量发展水平下，产业转型升级对其影响的差异，本书选取 2004 ~ 2022 年的时间阶段，以及 5%、25%、50%、75% 和 95% 5 个分位点，建立如下分位数回归模型：

$$q_{\mathrm{HQED}_i}\left(\tau\middle|\mathrm{ITU}_i,\beta(\tau)\right)=\beta_0(\tau)+\beta(\tau)\mathrm{ITU}_i \tag{7–14}$$

式中：q_{HQED_i} 为经济高质量发展水平的各分位数；$\beta(\tau)$ 为分位数系数。为了进一步详细了解产业转型升级对经济高质量发展的影响作用，本书同时分别建立了以发展动力新质（MFD）、发展方式绿色低碳（DM）、发展成果公平共享（DA）和发展环境安全稳定（DE）为被解释变量的分位数回归模型，其模型如下：

$$q_{\mathrm{MFD}_j}\left(\tau\middle|\mathrm{ITU}_i,\beta(\tau)\right)=\beta_0(\tau)+\beta(\tau)\mathrm{ITU}_i \tag{7–15}$$

$$q_{\mathrm{DM}_j}\left(\tau\middle|\mathrm{ITU}_i,\beta(\tau)\right)=\beta_0(\tau)+\beta(\tau)\mathrm{ITU}_i \tag{7–16}$$

$$q_{\mathrm{DA}_j}\left(\tau\middle|\mathrm{ITU}_i,\beta(\tau)\right)=\beta_0(\tau)+\beta(\tau)\mathrm{ITU}_i \tag{7–17}$$

$$q_{\mathrm{DE}_j}\left(\tau\middle|\mathrm{ITU}_i,\beta(\tau)\right)=\beta_0(\tau)+\beta(\tau)\mathrm{ITU}_i \tag{7–18}$$

其中，各模型的参数含义与式（7–14）类似。

7.2　模型的检验与实证结果分析

经典线性回归模型需要被解释变量满足正态分布的假定，为了初步验证选择分位数回归模型的合理性，首先对各个被解释变量 HQED、MFD、DM、DA 及 DE 是否满足正态分布进行检验。正态性检验的方法较多，为了直观、清晰地验证各个被解释变量分布的正态性，本书选择正态检验 QQ 图来展示，其具体结果如图 7–1 所示。由图 7–1 可知，HQED、MFD、DM、

DA 及 DE 明显不服从正态分布，由此初步表明本书选择分位数回归模型分析是较为适合的。

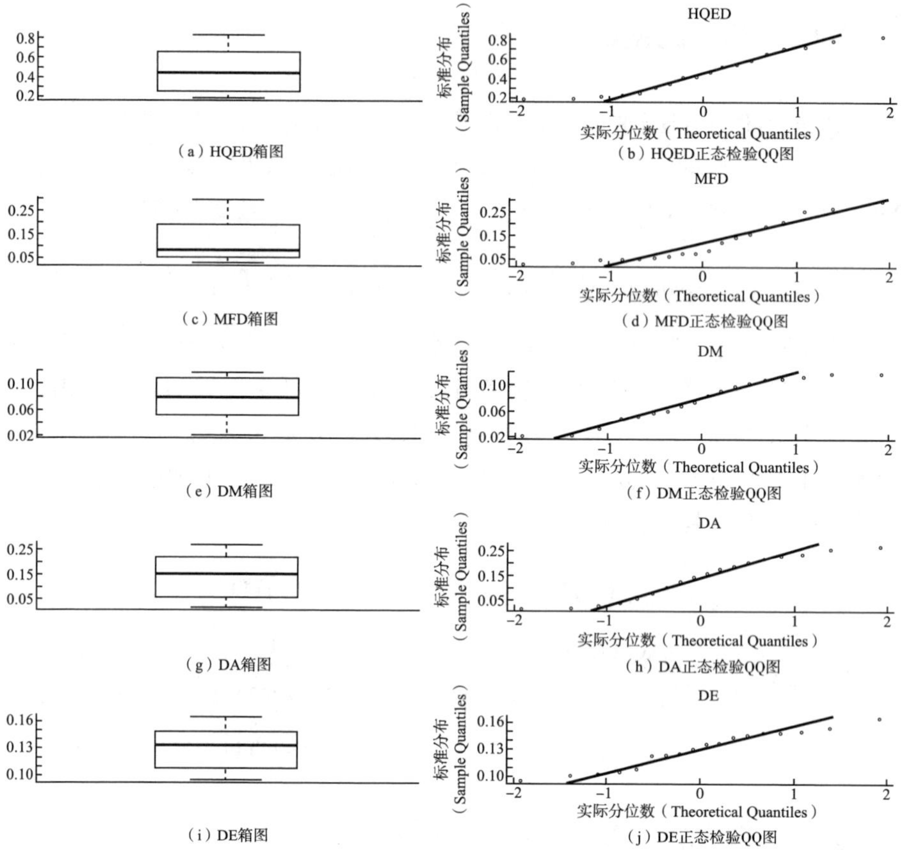

图 7–1　HQED、MFD、DM、DA 及 DE 的箱图和正态检验 QQ 图

资料来源：笔者整理。

7.2.1　经济高质量发展的不同水平下，产业转型升级对其影响的差异

7.2.1.1　不同分位点的系数及其检验结果

根据式（7–14）所构建的模型和相关数据，表 7–1 展示了 0.05、0.25、0.5、0.75 和 0.95 这 5 个不同分位点下 HQED 与 ITU 的回归系数及其检验结果。

对于各模型的系数及其检验，表 7–1 中，β_0 为模型的常数项系数，在

95% 的显著性水平下，其不同分位点回归系数的显著性检验——t 检验的 P 值只有 0.5 分位点下大于 0.05，其他分位点均小于 0.05，表明模型的常数项系数仅在 0.5 分位点下不显著，其他分位点下均显著；β_q 为模型的分位数回归系数，在 95% 的显著性水平下，t 检验的 P 值均小于 0.05，表明模型的分位数回归系数在不同分位点下均显著。

表 7–1　不同分位点下 HQED 与 ITU 的回归系数及其检验结果

分位点	β_0				β_q			
	估计值	标准差	t 值	P 值	估计值	标准差	t 值	P 值
0.05	–0.0565	0.0072	–7.8336	0.0000	0.1837	0.0025	74.8336	0.0000
0.25	–0.0472	0.0222	–2.1298	0.0491	0.1855	0.0076	24.3932	0.0000
0.50	0.0162	0.0145	1.1170	0.2805	0.1725	0.0050	34.5875	0.0000
0.75	0.0343	0.0215	1.5942	0.0000	0.1704	0.0074	23.0916	0.0000
0.95	0.0644	0.0076	8.4875	0.0000	0.1636	0.0026	62.9280	0.0000

资料来源：笔者整理。

上表中对各个分位数模型的系数和拟合优度进行了检验，为了更直观、清晰地看到 HQED 与 ITU 建立的分位数回归模型的拟合曲线，本书给出了不同分位点的模型拟合曲线，以及经典线性回归模型的拟合曲线（见图 7–2）。

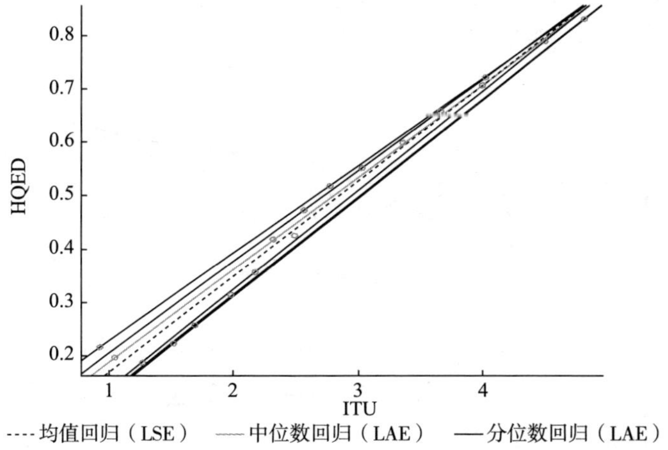

图 7–2　HQED 与 ITU 的均值回归和分位数回归拟合曲线

注：图中虚线代表均值回归的拟合线，点虚实线代表中位数回归的拟合线，实线代表 0.05、0.25、0.75 和 0.95 分位数回归的拟合线。

资料来源：笔者整理。

从虚线代表的均值回归拟合曲线来看，仅有几个样本点落在均值回归拟合曲线上，由此说明，对于产业转型升级对经济高质量发展影响关系的分析，均值回归模型的拟合效果较差。从点虚实线代表的中位数回归拟合线以及实线代表的 0.05、0.25、0.75 和 0.95 分位数回归的拟合线看，不同分位点的拟合曲线能够较为全面地拟合观测数据，从而进一步表明分位数回归模型相较于经典均值回归模型的拟合效果更佳。此外，从不同分位点的拟合曲线看，各模型的拟合曲线是非平行的，表明在不同分位点下模型的截距和斜率均不同，这说明在经济高质量发展的不同水平下，产业转型升级对其的影响作用存在明显差异。

7.2.1.2 不同分位点系数估计值的差异

图 7–2 不同分位点的拟合曲线表明，在经济高质量发展的不同水平下，产业转型升级对其的影响作用存在明显差异，但其不能给出具体差异的大小。该部分本书给出 HQED 与 ITU 不同分位点的系数估计值（见图 7–3），其显示各分位点的分位数回归系数随着分位点的不断增大在逐渐下降，其由 0.25 分位点的 0.1855 下降到 0.95 分位点的 0.1636。由此表明，产业转型升级对经济高质量发展的影响作用在经济高质量发展的不同水平下存在较为明显的差异：在经济高质量发展处于较低水平时，产业转型升级对其的推动作用较大，但随着经济高质量发展水平在不断提升时，产业转型升级对其的推动也在逐渐减小。

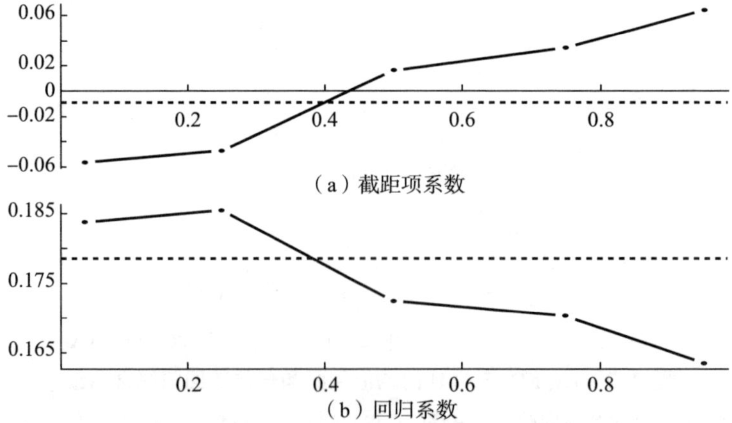

图 7–3　HQED 与 ITU 不同分位点的系数估计值

资料来源：笔者整理。

7.2.1.3　产业发展高水平和低水平状态下经济高质量发展水平分布的差异

图 7–4 表示产业结构优度在 10% 分位点处（Lower，产业发展低水平）和 90% 分位点处（Higher，产业发展高水平）的经济高质量发展水平分布差异。

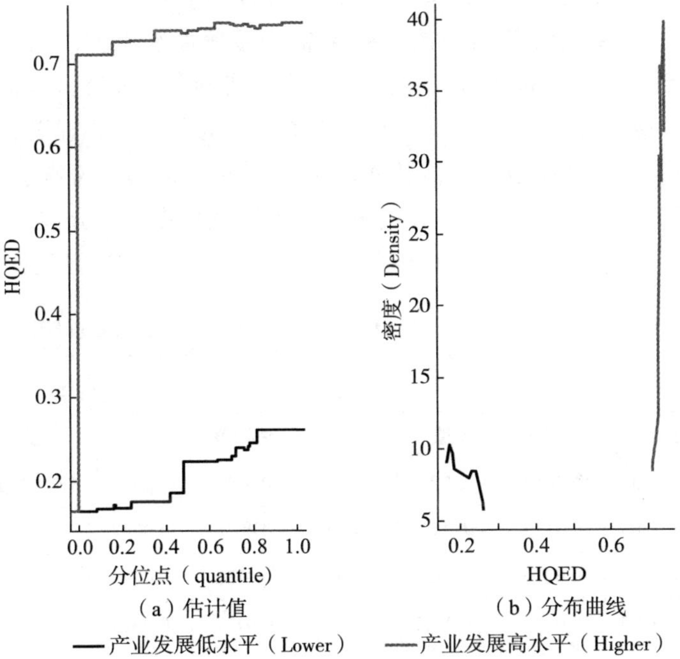

图 7–4　产业发展在 10% 和 90% 分位点下经济发展差异比较

资料来源：笔者整理。

由图 7–4（a）可以看出，在产业发展低水平状态下，经济高质量发展水平在不同分位点的估计值差别较大，而在产业发展高水平状态下，经济高质量发展水平在不同的分位点的估计值差别较小。图 7–4（b）描述了产业发展低水平和产业发展高水平下，经济高质量发展水平的分布曲线，其表明了在产业发展的低水平状态下，经济高质量发展水平集中在 0.20 ~ 0.25，而在产业发展的高水平状态下，经济高质量发展水平集中在 0.7 左右，相对陡峭。

综上表明，一方面，在产业发展处于低水平状态下，容易提升经济高质量发展水平，在产业发展处于高水平状态下，却相对不易；另一方面，也从实证方面验证了产业发展水平与经济高质量发展水平是相适应的。

7.2.2 发展动力质态的不同水平下，产业转型升级对其影响的差异

7.2.2.1 不同分位点的系数及其检验结果

根据式（7–15）所构建的模型和相关数据，表 7–2 展示了 0.05、0.25、0.50、0.75 和 0.95 这 5 个不同分位点下 MFD 与 ITU 的回归系数及其检验结果。β_0 是模型的常数项系数，在 95% 的显著性水平下，其不同分位点的回归系数的 t 检验的 P 值只有在 0.95 分位点下大于 0.05，其他分位点均小于 0.05，表明模型的常数项系数除了在 0.95 分位点下不显著，其他分位点下均显著；β_q 是模型的分位数回归系数，在 95% 的显著性水平下，t 检验的 P 值均小于 0.05，表明模型的分位数回归系数在不同分位点下均显著，说明在不同经济高质量发展水平下，产业转型升级对其均有显著影响。

表 7–2 不同分位点下 MFD 与 ITU 的回归系数及其检验结果

分位点	β_0				β_q			
	估计值	标准差	t 值	P 值	估计值	标准差	t 值	P 值
0.05	–0.0535	0.0017	–92.7222	0.0000	0.0911	0.0006	160.4290	0.0000
0.25	–0.1403	0.0139	–10.1752	0.0000	0.0878	0.0047	18.5655	0.0000
0.50	–0.0865	0.0229	–3.7737	0.0017	0.0750	0.0079	9.5382	0.0000
0.75	–0.0595	0.0060	–9.9842	0.0000	0.0722	0.0020	35.3207	0.0000
0.95	0.0212	0.0246	0.8616	0.4016	0.0574	0.0084	6.8140	0.0000

资料来源：笔者整理。

为了更清晰地看到不同分位点的拟合曲线，与上文类似，本书给出了 MFD 与 ITU 建立的经典线性回归模型与分位数回归模型的拟合曲线（见图 7–5）。从其虚线代表的均值回归模型拟合曲线看，仅有几个样本点落在均值回归拟合曲线上，由此说明，均值回归模型对于该问题的分析拟合效果较差。从点虚线代表的中位数回归拟合曲线以及实线代表 0.05、0.25、0.75 和 0.95 分位数回归拟合曲线看，多数样本点落在了各个分位数回归拟合曲线上，说明不同分位点的拟合曲线较为全面地拟合了观测数据，由此进一步表明分位数回归模型相较于经典均值回归模型拟合效果更佳。

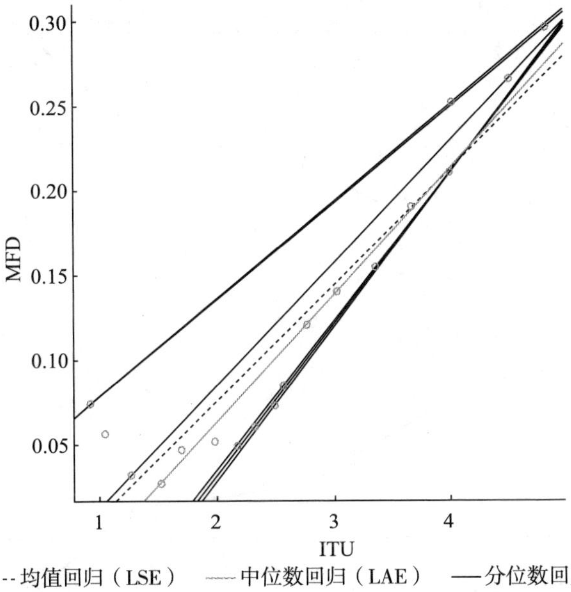

图 7–5　MFD 与 ITU 的均值回归和分位数回归拟合曲线

注：图中虚线代表均值回归的拟合线，点虚线代表中位数回归的拟合线，实线代表 0.05、0.25、0.75 和 0.95 分位数回归的拟合线。

资料来源：笔者整理。

此外，从不同分位点的拟合曲线看，各拟合曲线也是非平行的，表明在不同分位点下模型的截距和斜率均不同，进而说明在发展动力质态的不同水平下，产业转型升级对其的影响作用也存在较为明显的差异。

7.2.2.2　不同分位点系数估计值的差异

与上文类似，图 7–5 中不同分位点的拟合曲线表明，在经济发展动力质态的不同水平下，产业转型升级对其的影响作用存在明显差异，但其也同样不能给出具体差异的大小。因此，本书给出了 MFD 与 ITU 不同分位点的系数估计值（见图 7–6），图中显示分位数回归系数随着分位点的增大在逐渐下降，由 0.05 分位点的 0.0911 下降到 0.95 分位点的 0.0574。由此表明，在动力转换的不同程度下，产业转型升级对其的影响作用存在较为明显的差异，即在经济发展动力质态处于较低水平时，产业转型升级对其的推动作用较大，而当经济发展动力质态处于较高水平时，产业转型升级对其的推动作用较小。

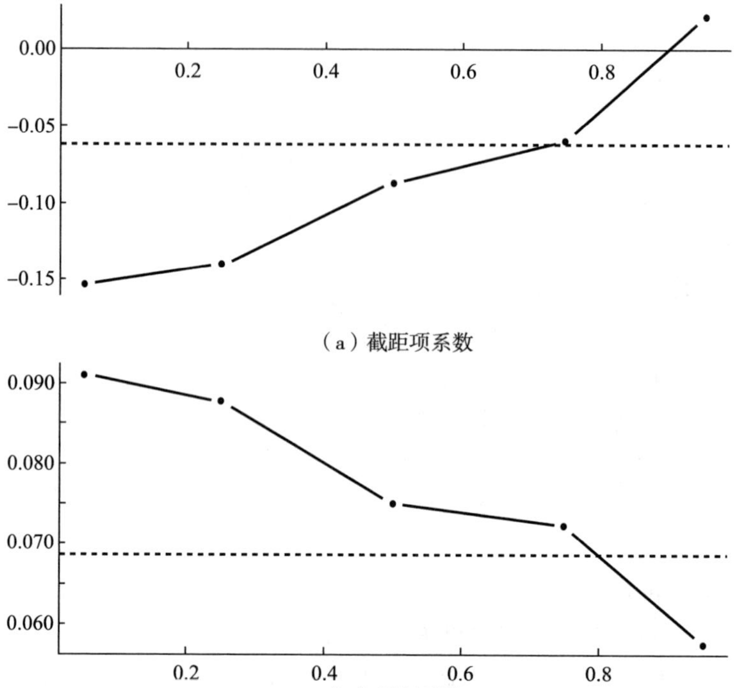

（a）截距项系数

（b）回归系数

图 7–6　MFD 与 ITU 不同分位点的系数估计值

资料来源：笔者整理。

7.2.2.3　产业发展高水平和低水平状态下发展动力质态水平分布的差异

图 7–7 表示产业结构优度在 10% 分位点处（Lower，产业发展低水平）和 90% 分位点处（Higher，产业发展高水平）的发展动力质态水平的分布比较。由图 7–7（a）可以看出，在产业发展低水平状态下，经济系统的发展动力质态水平在不同的分位点的估计值差别较大，而在产业发展高水平状态下，经济系统的发展动力质态水平在不同的分位点的估计值差别不大。图 7–7（b）描述了产业发展低水平和产业发展高水平下，经济系统发展动力质态水平的分布曲线，其表明，在产业发展的低水平状态下，经济系统的发展动力质态水平集中在 0.00，而在产业发展的高水平状态下，经济系统的发展动力质态水平集中在 0.25 左右，且分布比较陡峭。

综上表明，一方面，在产业发展处于低水平状态下，经济系统的发展动力质态水平容易提升，在产业发展处于高水平状态下却相对不易；另一方面，产业发展水平与经济的发展动力质态程度也是相适应的。

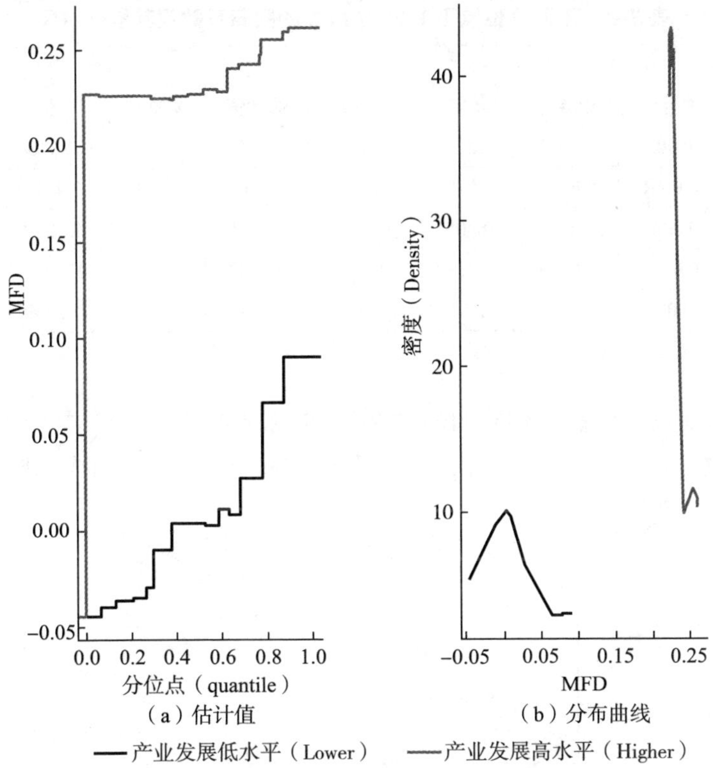

图 7–7　产业发展在 10% 和 90% 分位点下经济发展的发展动力质态差异比较

资料来源：笔者整理。

7.2.3　发展方式绿色低碳的不同水平下，产业转型升级对其影响的差异

7.2.3.1　不同分位点的系数及其检验结果

根据式（7–16）所构建的模型和相关数据，表 7–3 展示了 0.05、0.25、0.5、0.75 和 0.95 这 5 个不同分位点下 DM 与 ITU 的回归系数及其检验结果。对于各模型的系数及其检验结果，β_0 是模型的常数项系数，在 95% 的显著性水平下，除了 0.25 分位点，其他不同分位点的回归系数的 t 检验的 P 值都大于 0.05，表明模型的常数项系数均不显著；β_q 是模型的分位数回归系数，在 95% 的显著性水平下，t 检验的 P 值在不同分位点下均小于 0.05，表明模型的分位数回归系数在不同分位点下均显著。

表 7–3 不同分位点下 DM 与 ITU 的回归系数及其检验结果

分位点	β_0				β_q			
	估计值	标准差	t 值	P 值	估计值	标准差	t 值	P 值
0.05	−0.0039	0.0032	−1.2165	0.2414	0.0249	0.0011	22.8766	0.0000
0.25	0.0001	0.0101	0.0130	0.9898	0.0261	0.0035	7.4815	0.0000
0.5	0.0067	0.0083	0.8051	0.4326	0.0265	0.0028	9.3329	0.0000
0.75	0.0039	0.0036	1.0684	0.3012	0.0293	0.0012	23.6553	0.0000
0.95	−0.0032	0.0025	−1.3232	0.2044	0.0339	0.0008	40.3666	0.0000

资料来源：笔者整理。

为了更清晰地看到不同分位点的拟合曲线，与上文类似，本书给出了 DM 与 ITU 建立的经典线性回归模型与分位数回归模型的拟合曲线（见图 7–8）。

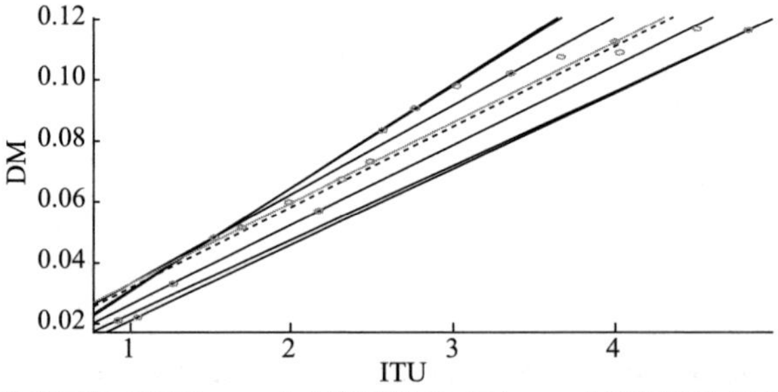

图 7–8 DM 与 ITU 的均值回归和分位数回归拟合曲线

注：图中虚线代表均值回归的拟合线，点虚线代表中位数回归的拟合线，实线代表 0.05、0.25、0.75 和 0.95 分位数回归的拟合线。

资料来源：笔者整理。

从图 7–8 中虚线代表的均值回归模型拟合曲线看，仍然仅有几个样本点落在均值回归拟合曲线上，由此表明，均值回归模型对于该问题的分析拟合效果较差。从点虚线代表的中位数回归拟合曲线以及实线代表的 0.05、0.25、0.75 和 0.95 分位数回归拟合曲线看，多数样本点落在了各个分位数回归拟合曲线上，说明不同分位点的拟合曲线较为全面地拟合了观测数据，由此进一步表明分位数回归模型相较于经典均值回归模型拟合效果更佳。此外，从不同分位点的拟合曲线看，各拟合曲线也是非平行的，表明在不同分位点下模型的截距和斜率均不同，进而说明在发展方式绿色低碳的不同水平下，产业转型升级对其的影响作用也存在较为明显的差异。

7.2.3.2　不同分位点系数估计值的差异

图 7–8 中不同分位点的拟合曲线表明，在经济发展方式绿色低碳的不同水平下，产业转型升级对其的影响作用存在明显差异，但其也同样不能给出具体差异的大小。因此，本书给出了 DM 与 ITU 不同分位点的系数估计值（见图 7–9），图中显示分位数回归系数随着分位点的增大在逐渐上升，由 0.05 分位点的 0.0249 上升到 0.95 分位点的 0.0339。由此表明，在发展方式绿色低碳的不同水平下，产业转型升级对其的影响作用存在较为明显的差异，即在经济发展方式的绿色低碳水平处于较低程度时，产业转型升级对其的推动作用较小，而随着经济发展方式的绿色低碳水平不断提升，产业转型升级对其的推动作用呈现逐渐增大的特点。

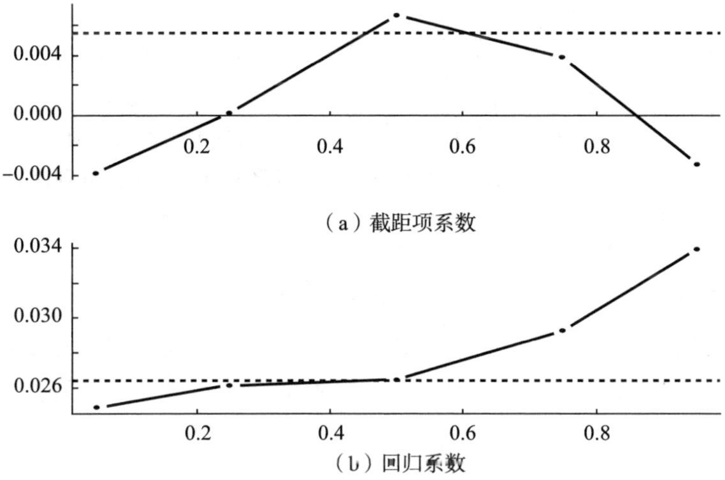

图 7–9　DM 与 ITU 不同分位点的系数估计值

资料来源：笔者整理。

7.2.3.3　产业发展高水平和低水平状态下经济发展方式绿色低碳水平分布的差异

图 7–10 表示产业结构优度在 10% 分位点处（Lower，产业发展低水平）和 90% 分位点处（Higher，产业发展高水平）的发展方式绿色低碳水平分布的差异。由图 7–10（a）可以看出，在产业发展低水平状态下，经济发展方式绿色低碳水平在不同分位点的估计值差别较小，而在产业发展高水平状态下，经济发展方式绿色低碳水平在不同分位点的估计值差别较大。图 7–10（b）描述了产业发展低水平和产业发展高水平下，经济发展

方式绿色低碳水平的分布曲线，其表明，在产业发展的低水平状态下，经济发展方式绿色低碳水平集中在 0.04 左右，且分布比较陡峭而在产业发展的高水平状态下，经济发展方式绿色低碳水平集中在 0.12 左右。

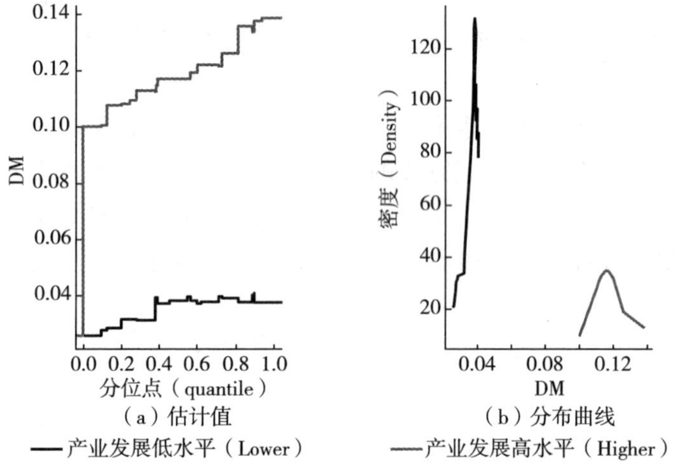

图 7-10 产业发展在 10% 和 90% 分位点下经济发展方式绿色低碳差异比较

资料来源：笔者整理。

综上表明，一方面，在产业发展处于低水平状态下，不容易提升发展方式绿色低碳水平，在产业发展处于高水平状态下却相对容易提升发展方式绿色低碳水平；另一方面，产业发展水平与经济发展方式绿色低碳水平也是相适应的。

7.2.4 发展成果公平共享的不同水平下，产业转型升级对其影响的差异

7.2.4.1 不同分位点的系数及其检验结果

根据式（7–17）所构建的模型和相关数据，表 7–4 展示了 0.05、0.25、0.5、0.75 和 0.95 这 5 个不同分位点下 DA 与 ITU 的回归系数及其检验结果。对于各模型的系数及其检验结果，与表 7–1、表 7–2、表 7–3 类似，β_0 是模型的常数项系数，在 95% 的显著性水平下，不同分位点的回归系数的 t 检验的 P 值都小于 0.05，表明模型的常数项系数在不同分位点下均显著；β_q 是模型的分位数回归系数，在 95% 的显著性水平下，t 检验的 P 值也同

样都小于 0.05，表明模型的分位数回归系数在不同分位点下均显著。

表 7–4　不同分位点下 DA 与 ITU 的回归系数及其检验结果

分位点	β_0				β_q			
	估计值	标准差	t 值	P 值	估计值	标准差	t 值	P 值
0.05	−0.0680	0.0027	−25.5583	0.0000	0.0770	0.0009	76.6682	0.0000
0.25	−0.0617	0.0148	−4.1829	0.0007	0.0706	0.0051	13.9559	0.0000
0.5	−0.0575	0.0163	−3.5335	0.0027	0.0732	0.0056	13.1009	0.0000
0.75	−0.0503	0.0222	−2.2663	0.0376	0.0757	0.0076	9.9505	0.0000
0.95	−0.0651	0.0004	−167.735	0.0000	0.0869	0.0001	652.994	0.0000

资料来源：笔者整理。

接下来，为了更清晰地看到不同分位点的拟合曲线，本书给出了 DA 与 ITU 建立的经典线性回归模型与分位数回归模型的拟合曲线（见图 7–11）。

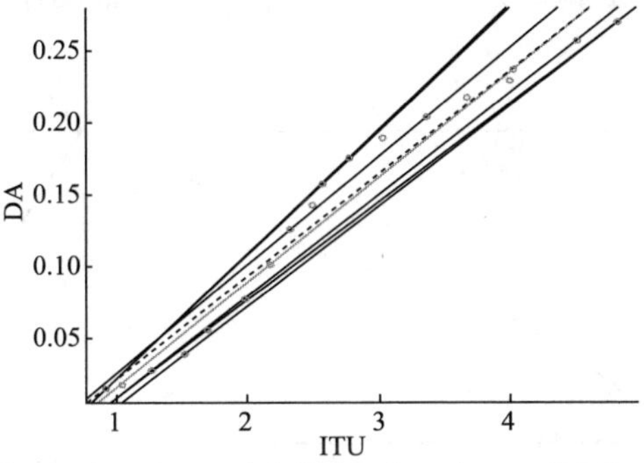

图 7–11　DA 与 ITU 的均值回归和分位数回归拟合曲线

注：图中虚线代表均值回归的拟合线，点虚线代表中位数回归的拟合线，实线代表 0.05、0.25、0.75 和 0.95 分位数回归的拟合线。

资料来源：笔者整理。

从图 7–11 中虚线代表的均值回归的拟合曲线看，同样还是仅有几个样本点落在均值回归拟合曲线上，说明均值回归模型对该问题的分析和拟合效果较差。从点虚线代表的中位数回归拟合线和实线代表的 0.05、0.25、0.75 和 0.95 分位数回归的拟合线看，落在各分位数拟合曲线上的样本观测点较多，从而说明不同分位点的拟合曲线较为全面地拟合了观测数据，由此进一步表明分位数回归模型相较于经典均值回归模型拟合效果更佳。

此外，从不同分位点的拟合曲线看，各拟合曲线与上文相同，也是非平行的，表明在不同分位点下模型的截距和斜率均不同，进而说明在发展成果公平共享的不同水平下，产业转型升级对成果共享的影响作用存在较为明显的差异。

7.2.4.2　不同分位点系数估计值的差异

从图 7–11 可以看出，在发展成果公平共享的不同水平下，产业转型升级对其的影响作用存在明显差异，但其具体的差异无法获得。因此本书给出了 DA 与 ITU 不同分位点的系数估计值（见图 7–12）。图中显示，总体上，分位数回归系数随着分位点的增大在逐渐上升，由 0.05 分位点的 0.0770 提高到 0.95 分位点的 0.0869。由此表明，产业转型升级对发展成果公平共享的影响作用在成果共享的不同水平下存在较为明显的差异：在成果共享程度处于较低水平时，产业转型升级对其的推动作用较小，而随着经济成果共享程度不断提高，产业转型升级对其的推动作用也在逐渐增强。

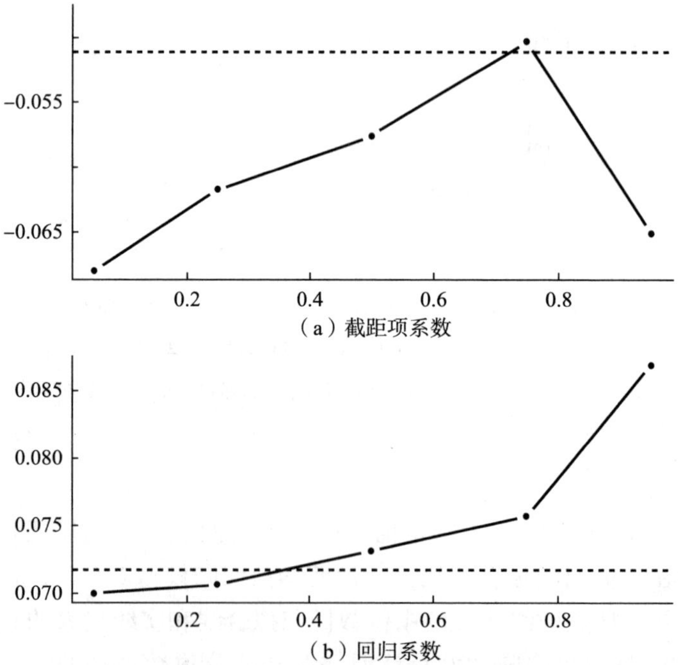

图 7–12　DA 与 ITU 不同分位点的系数估计值

资料来源：笔者整理。

7.2.4.3　产业发展高、低水平状态下经济成果共享水平分布的差异

图 7–13 表示产业结构优度转型升级水平在 10% 分位点处（Lower，产业发展低水平）和 90% 分位点处（Higher，产业发展高水平）经济发展的成果共享程度的分布差异。

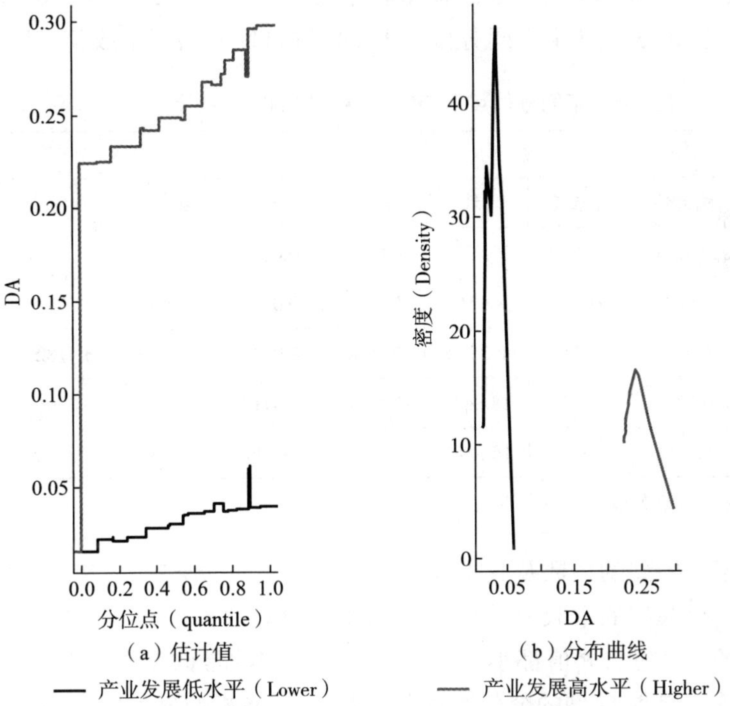

图 7–13　产业发展在 10% 和 90% 分位点下经济发展的成果共享差异比较

资料来源：笔者整理。

由图 7–13（a）可以看出，在产业发展低水平状态下，成果共享程度在不同的分位点的估计值差别不大，而在产业发展高水平状态下，成果共享程度在不同的分位点的估计值差别较大。图 7–13（b）描述了产业发展低水平和产业发展高水平的成果共享程度的分布曲线，其表明，在产业发展的低水平状态下，成果共享程度集中在 0.05 左右，比较陡峭，而在产业发展的高水平状态下，成果共享程度集中在 0.25。

综上表明，一方面，在产业发展低水平状态下，不容易提升经济系统的成果共享水平，在产业发展高水平状态下则相对容易；另一方面，产业发展水平与经济发展的成果共享水平也是相适应的。

7.2.5 发展环境安全稳定的不同水平下，产业转型升级对其影响的差异

7.2.5.1 不同分位点的系数及其检验结果

根据式（7–18）所构建的模型和相关数据，表 7–5 展示了 0.05、0.25、0.5、0.75 和 0.95 这 5 个不同分位点下 DE 与 ITU 的回归系数及其检验结果。

表 7–5 不同分位点下 DE 与 ITU 的回归系数及其检验结果

分位点	β_0				β_q			
	估计值	标准差	t 值	P 值	估计值	标准差	t 值	P 值
0.05	0.0821	0.0029	27.9219	0.0000	0.0102	0.0010	10.1156	0.0000
0.25	0.0880	0.0102	8.6315	0.0000	0.0125	0.0035	3.5789	0.0025
0.5	0.0926	0.0111	8.3352	0.0000	0.0133	0.0020	3.4782	0.0031
0.75	0.1070	0.0057	18.8432	0.0000	0.0117	0.0020	6.0066	0.0000
0.95	0.1788	0.0113	15.8580	0.0000	–0.0063	0.0039	–1.6195	0.1249

资料来源：笔者整理。

对于各模型的系数及其检验结果，与表 7–1、表 7–2、表 7–3、表 7–4 类似，β_0 是模型的常数项系数，在 95% 的显著性水平下，不同分位点的回归系数的 t 检验的 P 值都小于 0.05，表明模型的常数项系数在不同分位点下均显著；β_q 是模型的分位数回归系数，在 95% 的显著性水平下，t 检验的 P 值除在 0.95 分位点上大于 0.05，其他分位点都小于 0.05，表明模型的分位数回归系数除在 0.95 分位点上不显著，其他分位点均显著。

接下来，为了更清晰地看到不同分位点的拟合曲线，本书给出了 DE 与 ITU 建立的经典线性回归模型与分位数回归模型的拟合曲线（见图 7–14）。

从虚线代表的均值回归的拟合曲线看，同样还是仅有几个样本点落在均值回归拟合曲线上，说明均值回归模型对该问题的分析和拟合效果较差。从点虚线代表的中位数回归拟合线和实线代表的 0.05、0.25、0.75 和 0.95 分位数回归的拟合线看，落在各分位数拟合曲线上的样本观测点较多，从而说明不同分位点的拟合曲线较为全面地拟合了观测数据，由此进一步表明分位数回归模型相较于经典均值回归模型拟合效果更佳。

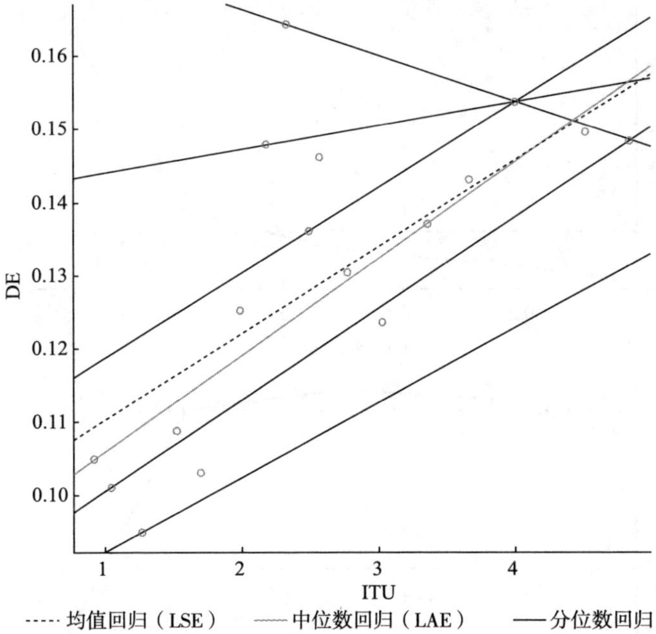

图 7-14　DE 与 ITU 的均值回归和分位数回归拟合曲线

资料来源：笔者整理。

此外，从不同分位点的拟合曲线看，各拟合曲线与上文相同，也是非平行的，表明在不同分位点下模型的截距和斜率均不同，进而说明在经济系统发展环境安全稳定的不同水平下，产业转型升级对发展环境安全稳定的影响作用存在较为明显的差异。

7.2.5.2　不同分位点系数估计值的差异

从图 7-14 可以看出，在发展环境安全稳定的不同水平下，产业转型升级对其的影响作用存在较小的差异，但其具体的差异无法获得。因此，本书给出了 DE 与 ITU 不同分位点的系数估计值（见图 7-15）。

图中显示，总体上，除 0.95 分位点外，分位数回归系数在不同分位点下差异较小，0.05 分位点上回归系数为 0.0102，0.75 分位点上回归系数为 0.0117。由此表明，产业转型升级对经济系统的影响作用在发展环境安全稳定的不同水平下差异较小，且产业转型升级对发展环境安全稳定的推动作用较小。

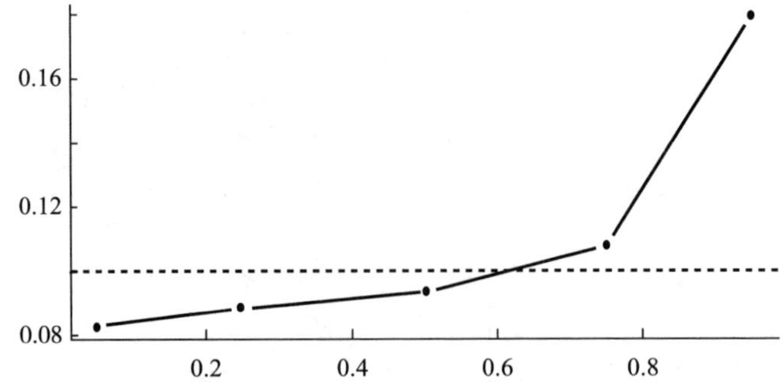

（a）截距项系数

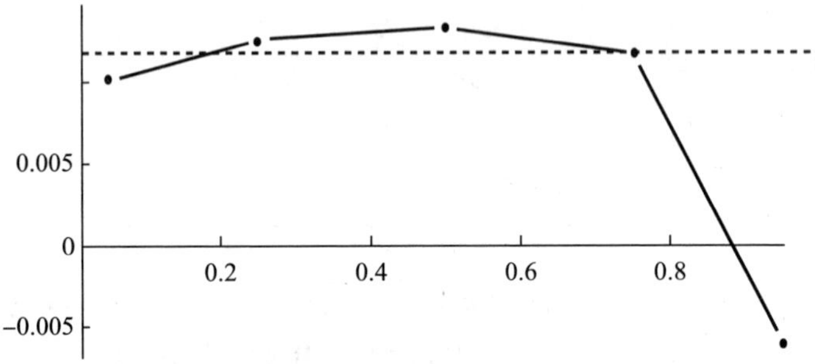

（b）回归系数

图 7–15　DE 与 ITU 不同分位点的系数估计值

资料来源：笔者整理。

7.2.5.3　产业发展高水平和低水平状态下经济发展环境安全稳定水平分布的差异

图 7–16 表示产业结构优度在 10% 分位点处（Lower，产业发展低水平）和 90% 分位点处（Higher，产业发展高水平）的发展环境安全稳定程度的分布差异。

由图 7–16（a）可以看出，在产业发展低水平状态下，发展环境安全稳定程度在不同的分位点的估计值差别较大，在产业发展高水平状态下，发展环境安全稳定程度在不同的分位点的估计值差别仍然较大。图 7–16（b）描述了产业发展低水平和产业发展高水平的发展环境安全稳定程度的分布曲线，其表明，在产业发展的低水平状态下，发展环境安全稳定水平集中在 0.11 左右，在产业发展的高水平状态下，发展环境安全稳定程度集中在 0.15 左右。

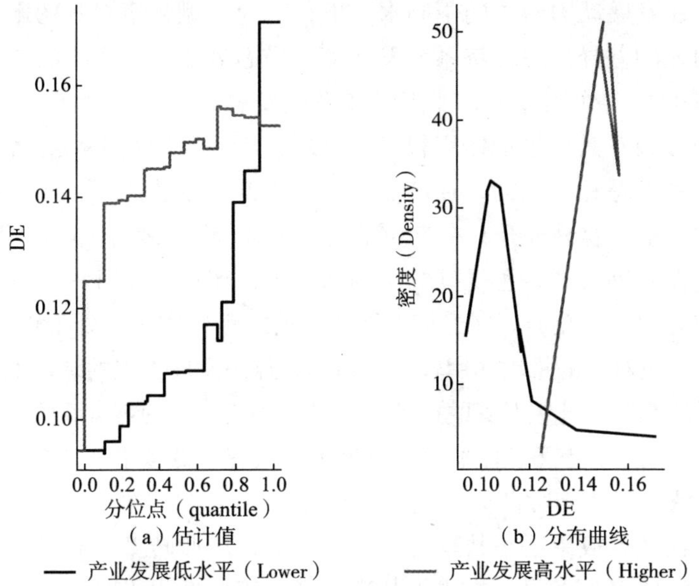

图 7–16　产业发展在 10% 和 90% 分位点下经济发展环境安全稳定差异比较

资料来源：笔者整理。

综上表明，无论在产业发展低水平状态下，还是在产业发展高水平状态下，都比较容易提升经济系统发展环境的安全稳定水平；此外，产业发展水平与经济发展环境安全稳定水平也是相适应的。

7.3　本章小结

本章利用分位数回归模型探究了经济高质量发展不同水平下，产业转型升级对其影响的差异，结果表明：

（1）产业转型升级对经济高质量发展的影响作用在经济高质量发展的不同水平下存在较为明显的差异。在经济高质量发展处于较低水平时，产业转型升级对其的推动作用较大，但随着经济高质量发展水平在不断提升时，产业转型升级对其的推动也在逐渐减小。此外，在产业发展处于低水平状态下，容易提升经济高质量发展水平，在产业发展处于高水平状态下却相对不易。

（2）在发展动力新质的不同水平下，产业转型升级对其的影响作用存在较为明显的差异。在经济系统发展动力质态处于较低水平时，产业转型升级对其的推动作用较大，而当经济系统发展动力质态处于较高水平时，产业转型升级对其的推动作用较小。此外，产业发展水平与经济的发展动力质态水平也是相适应的，在产业发展处于低水平状态下，经济系统的发展动力质态水平容易提升，在产业发展处于高水平状态下却相对不易。

（3）在发展方式绿色低碳的不同水平下，产业转型升级对其的影响作用存在较为明显的差异。在经济发展方式的绿色低碳水平处于较低程度时，产业转型升级对其的推动作用较小，而随着经济发展方式的绿色低碳水平不断提升，产业转型升级对其的推动作用呈现逐渐增大的特点。此外，在产业发展处于低水平状态下，不容易提升发展方式绿色低碳水平，在产业发展处于高水平状态下才相对容易。

（4）在发展成果公平共享的不同水平下，产业转型开放对其的影响作用存在较为明显的差异。在成果共享程度处于较低水平时，产业转型升级对其的推动作用较小，而随着经济成果共享程度不断提高，产业转型升级对其的推动作用也逐渐增强。此外，在产业发展低水平状态下，不容易提升经济系统的成果共享水平，在产业发展高水平状态下却相对容易。

（5）在发展环境安全稳定的不同水平下，产业转型升级对发展环境安全稳定的推动作用较小，且产业转型升级对经济系统的影响作用存在较小的差异。此外，无论在产业发展低水平状态下，还是在产业发展高水平状态下，都比较容易提升经济系统发展环境的安全稳定水平。

第8章 主要结论与对策建议

当前中国正处于转变发展方式、优化经济结构和转换增长动力的重大关口，站在新的历史方位上，党中央做出了中国经济转向高质量发展的重大决断和以供给侧结构性改革为主线提高我国供给体系质量的战略选择。产业结构调整是经济结构调整中最具可操作性的，那么，我国产业转型升级的水平如何，经济高质量发展水平又如何，产业转型升级对经济高质量发展影响的特征如何，本书针对这些问题进行了深入、详细的研究，得到如下主要结论，并提出了相应的建议。

8.1 产业转型升级水平逐步提高，三次产业内部效果差异较大

基于产业结构优化理论以及产业转型升级的内涵与路径，本书首先以产业结构高度化和合理化为框架，从产业的结构比例、生产效率及效益、融合程度四个维度，分别详细地考察了中国三次产业及其内部产业的变迁状况。在此基础上，构建了一个产业转型升级的综合测度指标，以期全面、统一地测度中国经济发展过程中的产业转型升级水平。综上研究，得到以下结论与建议。

8.1.1 服务化特征明显的产业结构状态

从三次产业产值比重的结构状态看，我国国民经济呈现出由第二产业占优势地位向第三产业占优势地位的顺向更替，产业结构服务化趋势明显，我国国民经济已经呈现出较为明显的产业结构高度化特征。从制造业内部各类型产业的产值结构状态看，一方面，我国制造业的产值比重变动幅度较小，即在产业发展的结构维度，制造业的产业结构高度化水平还不够；另一方面，我国制造业中劳动密集型和规模扩张型的制造业仍然占据优势地位，这在一定程度上拉低了我国制造业整体的生产效率和效益。从服务业内部产业的产值比重结构状态看，服务业产值比重的提升，主要是由于生产性服务业中的金融业以及生活性服务业中的房地产业的产值比重大幅提升所致。我国国民经济总体上虽然呈现明显的结构服务化特征，符合经典产业结构演变的规律，但这背后实际上是由国民经济的“脱实向虚”造成的。

8.1.2 产业的效率、效益水平与其结构状态不匹配

从三次产业看，产业结构高度化的结构状态与效率水平并不匹配，但从其内部细分产业看，两者基本匹配。由此进一步说明，第三产业内部产业的生产效率差异较大，生产性服务业的劳动生产率远高于生活性服务业和公共服务业，从而产业结构服务化的主体方向应是服务业生产化。

对于产业的效益水平，从三次产业的附加值率看，中国第一产业的附加值率最高，第三产业次之，而第二产业的附加值率最低。基于目前我国产业较低的效益水平，迫切需要加快产业转型升级，尤其是要大力提升第二产业的生产效益。从三次产业内部细分产业的附加值率看，总体上，我国制造业附加值率较低，这主要是由于制造业内部各类型产业自身技术水平较低。此外，我国装备制造业和化工产业的附加值率却低于生活消费品和原材料生产及加工产业的附加值率。

8.1.3 产业融合程度较低的产业结构合理化现状

协调是产业结构合理化的中心内容，而产业结构协调的本质是各产业依靠产业间的技术经济联系使产业间的协调能力不断提高的过程，因此本书认

为，产业结构合理化可以从产业间的关联关系入手，通过测度其关联水平的变动来反映产业结构合理化的状态变迁。新时代，产业发展更强调融合，其能够使产业间的行为和关系发生变化，从而使产业间的关联关系、结构状态、组织形态、产业布局等产生根本性的转变，进而有效地促进产业结构的转换和升级，对经济社会发展产生巨大的综合性影响。因此，对于产业结构合理化的测度，本书利用产业融合度来衡量产业结构的协调程度。

结果表明：①我国国民经济各部门的产业融合程度较低，这主要是第一产业和第三产业的融合程度较低所致。此外，随着产业结构变迁，国民经济各产业部门的融合度在逐渐下降，这主要是第二产业和第三产业的融合度逐渐下降所致，因此，提升第一产业和第三产业以及第二产业和第三产业的融合水平成为促进产业转型升级首要解决的重点问题。②第一产业与第三产业的融合度逐渐下降主要是农林牧渔业和生产性服务业双向联系较差造成的；第二产业与第三产业的融合度逐渐下降主要是单向联系快速下降造成的。③无论是制造业服务业化还是农业服务化，总体上处于低端水平，科研、商务等高端服务化程度较低。

8.1.4　三次产业及其内部的产业转型升级水平差异明显

从产业结构合理化和高度化两个方面构建测度指标，确实能够较为精细的从不同方面反映产业结构发展水平，但其容易造成产业结构高度化与合理化不一致。因此，本书在基于产业结构高度化和合理化的框架下，构建了一个综合性指标来测度产业转型升级的水平。

结果表明，从三次产业的转型升级效果看，第三产业的转型升级效果最好，提升幅度超过 3 倍，第二产业次之，第一产业最低。从三次产业内部产业的转型升级效果看，制造业相较于生产性服务业和生活性服务业效果较差。

8.2　深化供给侧结构性改革，加快三次产业内部转型升级

基于上述的产业转型升级水平测度结果与结论，从三次产业发展的结

构状态来看，当前，我国国民经济的产业结构已经呈现明显的服务化趋势，这基本符合经典的产业结构演变规律，但各国的具体国情和经济发展水平存在显著的差异，国外经典的产业结构演变规律只是根据发达经济体产业结构演进事实的经验总结，并非铁律，调整产业结构不能盲目参照发达经济体，应基于本国自身的国情。从产业发展的效率和效益层面看，总体上，我国各产业的生产效率和效益还较低，尤其制造业的效益水平。因此，必须深化供给侧结构性改革，加快三次产业内部转型升级，具体建议如下：

8.2.1 以创新为战略支撑，提升制造业的效率和效益

制造业是我国国民经济的基础和支柱，其地位是其他行业无法替代的，特别是在新时代，先进制造业尤其是高端装备制造业，能够为经济社会发展提供高水平的技术装备，以及为各产业的创新提供技术平台，支持传统产业大规模技术改造，促进产业升级，从而促进现代经济体系建设和国防现代化，提升经济社会发展的质量。高技术含量制成品出口增长和结构优化能够为对外贸易和投资提供技术设备支持，从而提升我国产业和经济的国际竞争力。但遗憾的是，一方面，当前我国劳动密集型和规模扩张型的制造业仍然占据优势地位，制造业的产业结构的高度化水平较低；另一方面，我国虽然是制造业大国，但制造业的生产效益却很低。

因此，为寻求我国经济的进一步发展，今后，我国必须以创新为战略支撑，加大科技创新力度，抓住新一代信息技术革命浪潮的机遇，因地制宜发展新质生产力大力培育新业态、新模式，推动数字经济赋能全行业各领域，从而加快提升制造业的生产效率和效益，构建领先的技术体系和产业体系，从而加快其向中高端发展，振兴实体经济，推动经济高质量发展。

8.2.2 推动服务创新，大力提升生产性服务业效率和专业化水平

当前，我国国民经济呈现明显的结构服务化特征，但这主要是由于生产性服务业中的金融业以及生活性服务业中的房地产业的产值比重大幅提升造成的，其占第三产业的比重已经达到或超过许多发达国家，如此使资

金“脱实向虚”、投机过度会造成经济泡沫积聚和风险增长。此外，在我国服务业中，科学研究和技术服务业、租赁和商务服务业这些生产性服务业的效率和效益普遍较低。因此，我国必须深化服务业供给侧结构性改革，推动服务创新，加强技术创新和应用，加大培育新业态、新模式，提升服务业的标准化、规模化、品牌化及智能化水平，从而大力提升生产性服务业的效率水平和专业化水平。

8.2.3　提升生活性服务业满足消费需求的能力，拓展服务消费

自全球金融危机以后，内需逐渐成为中国经济增长的决定性力量，尤其近些年来，消费驱动已连续 7 年成为经济增长的第一拉动力，因此促进消费升级逐渐成为推动我国产业转型升级的主引擎。当前我国信息、医疗、养老、家政等服务型消费刚刚打开，随着我国经济发展水平的进一步提升，居民的服务消费如文化、体育、医疗和教育等服务型消费支出将会逐渐增大。因此，我国必须推动生活性服务业效率变革、质量变革，提升生活性服务业满足居民高质量消费需求的能力，从而拓展服务消费，推动经济增长和结构转型。此外，随着我国城镇化和老龄化的快速推进，拓展乡村市场，开辟康养领域，能够进一步拓展消费空间。

8.2.4　充分利用信息化、网络化、智能化平台深化三次产业相互融合

当前，我国国民经济各部门的产业融合程度较低，其中主要是第一产业和第三产业的融合程度较低，以及第二产业和第三产业融合程度逐渐下降所致。因此，促进我国产业转型升级，必须增强三次产业深度融合，充分利用信息化、网络化、智能化平台及信息，促进现代农业“接二连三”向生产、加工和服务一体化转型，加强先进制造业与现代服务深度融合，向智能制造、服务型制造的转型升级。

8.3 经济高质量发展水平逐渐提升，但仍处于发展不充分阶段

8.3.1 动力、方式、成果和环境维度下的经济高质量发展

经济高质量发展是全面建设社会主义现代化国家的首要任务，其是由我国经济社会发展的历史、实践和理论逻辑共同决定的。实现社会主义现代化的历史任务调整，由原来的基本实现现代化转变为建成富强民主文明和谐美丽的社会主义现代化强国，必然需要经济高质量发展来作为保障和支撑，这是历史逻辑所决定的；面对社会主要矛盾变化和世界百年未有之大变局，当前人民对美好生活的需要只能通过推动经济高质量发展才能满足，从而必须调整发展战略才能实现发展目标和目的，同时必须创新中国特色社会主义经济理论才能与之相辅相成，这是实践逻辑和理论逻辑所决定的。

此外，通过经济增长质量与经济高质量发展的比较分析，本书认为均强调经济增长不能一味追求数量和规模的增长，更要注重经济结构、效率、效益等方面的改善和发展是经济增长质量与经济高质量发展的共同之处。两者的不同之处在于经济增长质量是对经济增长数量的补充，是经济增长的另一面，其与经济增长数量构成经济增长的全部，是对经济增长“质量”方面的反映和评价，不具备时代特征。经济高质量发展是自改革开放以来历经多年经济高速增长之后对我国经济发展阶段变化及当前所处关口的重大判断和战略选择，其内涵更加丰富，且比经济增长质量具有更加鲜明的时代特征和属性。

为此，基于经济高质量发展的历史、实践和理论逻辑分析，本书认为经济高质量发展的内涵是多维的和动态的。一方面，其是发展理念、发展方式、发展目标和目的的多重统领和提升；另一方面，其既是一种发展状态，具有高科技、高效能、高质量特征，是以新质生产力为支撑的经济发展质态，也是一种发展过程，是以产业深度转型升级和经济发展方式转变为基本特征的永久持续的动态过程。

8.3.2　经济高质量发展的水平测度

本书在阐释其逻辑框架与内涵的基础上，基于新质生产力视角，从发展动力新质、发展方式绿色低碳、发展成果公平共享和发展环境安全稳定四个方面构建评价指标体系，测度其发展水平特征及不充分的具体成因。主要结论如下：

我国经济发展质量在逐渐提升，但是当前仍然处于发展不充分阶段。分维度来看，发展动力质态取得显著进展，在要素动力层面提升迅速，而在产业动力层面提升缓慢；发展方式绿色低碳转型成效明显，相较于生活方式转型，生产方式转型更为显著。发展成果的公平共享性快速提升，尤其在公共服务领域。发展环境的安全稳定性经历"阶梯"跃升后整体上呈平稳发展态势，但总体上经济运行环境的安全稳定性相对较小。

当前我国经济发展质量不充分，其主要成因如下：

第一，原始创新能力与"新质"产业体系发展不充分。应整合科技创新资源，持续加大研发投入，增强原始创新能力。加快产业数字化转型发展，推动数字经济与实体经济深度融合，增强制造业发展优势，提升生产性服务业效率和专业化水平，大力发展战略性新兴产业。

第二，能源利用效率提升不充分。应加快能源利用效率提升，在生产方式方面，强化基金支持，引导相关企业增加节能、节水及废物综合利用等方面的技术改造投入，同时加强用能单位节能管理。在生活方式方面，大力开展绿色生活情景创建，如绿色出行、绿色家庭和绿色社区等创建活动。

第三，教育资源、文化及公共交通服务不充分。应加大公共教育资源投入、公共文化建设投入以及公共交通通道能力和网络建设投入。

第四，经济系统产出和产业安全不充分。既要着力提升产业链供应链韧性和安全，稳定经济增长，也要深化投资领域改革，扩大有效投资，通过稳投资有力支撑稳增长。

第五，社会系统生活压力和极化程度较为严重。就业关系千家万户的生活，应从供给端提高劳动者就业能力和素质，需求端统筹双循环发展格局拓宽就业渠道，依靠数字经济强化培育多元就业形态，通过推动产业转型升级，创造更多高质量就业岗位。此外，健全就业促进机制，促进高质量充分就业。深化收入分配制度改革，如完善要素市场分配机制，提高城乡生产要素流动性，建立和完善城乡融合发展和“以城带乡”的体制机制，同时要构建现代化乡村产业体系，促进乡村振兴。

8.4 产业转型升级对经济高质量发展的影响具有明显的时变性和异质性

在探究产业转型升级对经济高质量发展的影响时，本书主要从以下三个方面进行详细探析：第一，分析产业转型升级对经济高质量发展影响的时变特征；第二，探究不同经济高质量发展水平下，产业转型升级对其影响的差异；第三，探究产业转型升级的不同水平下对经济高质量发展影响的差异。综上分析，得到以下的主要结论。

8.4.1 产业转型升级对经济高质量发展的影响系数总体呈“L”形

对于产业转型升级对经济高质量发展影响的时变特征，本书第 6 章通过时变参数状态空间模型进行分析，总体上，中国产业转型升级对经济高质量发展的影响作用呈现长尾的“L”形特征。分项来看，产业转型升级对经济发展的发展动力质态的动态影响关系大体上呈现敞口的“U”形特征；对经济发展方式绿色低碳的影响在前期逐渐增大，并在后期总体上维持稳定；对经济发展成果共享的动态影响关系呈现拉宽的“S”形特征，对经济发展成果公平共享的推动作用在逐年增大；对经济发展环境安全稳定的推动作用在逐年减弱，但近些年其减弱的速度逐渐放缓。

8.4.2 经济发展质量不同水平下，产业转型升级对其影响存在明显差异

对于经济发展质量不同水平下，产业转型升级对其影响的差异分析，本书通过分位数回归模型进行探究，结果表明：

第一，产业转型升级对经济高质量发展的影响作用在经济高质量发展

的不同水平下存在较为明显的差异。在经济高质量发展处于较低水平时，产业转型升级对其的推动作用较大，但随着经济高质量发展水平不断提升时，产业转型升级对其的推动逐渐减小。此外，在产业发展处于低水平状态下，容易提升经济高质量发展水平，在产业发展处于高水平状态下却相对不易。

第二，在发展动力新质的不同程度下，产业转型升级对其的影响作用存在较为明显的差异。在经济系统发展动力质态处于较低水平时，产业转型升级对其的推动作用较大，而当经济系统发展动力质态处于较高水平时，产业转型升级对其的推动作用较小。此外，产业发展水平与经济的动力转换程度也是相适应的，在产业发展处于低水平状态下，经济系统的发展动力质态水平容易提升，在产业发展处于高水平状态下却相对不易。

第三，在发展方式绿色低碳的不同水平下，产业转型升级对其的影响作用存在较为明显的差异。在经济发展方式的绿色低碳水平处于较低程度时，产业转型升级对其的推动作用较小，而随着经济发展方式的绿色低碳水平不断提升，产业转型升级对其的推动作用呈现逐渐增大的特点。此外，在产业发展处于低水平状态下，不容易提升发展方式绿色低碳水平，在产业发展处于高水平状态下却相对容易提升发展方式绿色低碳水平。

第四，在发展成果公平共享的不同水平下，产业转型升级对发展成果公平共享的影响作用存在较为明显的差异。在成果共享程度处于较低水平时，产业转型升级对其的推动作用较小，而随着经济成果共享程度不断提高，产业转型升级对其的推动作用也逐渐增强。此外，在产业发展低水平状态下，不容易提升经济系统的成果共享水平，在产业发展高水平状态下却相对容易。

第五，在发展环境安全稳定的不同水平下，产业转型升级对其的影响作用较小，且差异也较小。此外，无论在产业发展低水平状态下，还是在产业发展高水平状态下，都比较容易提升经济系统发展环境的安全稳定水平。

综上所述，从产业转型升级对经济高质量发展影响的时变特征看，随着时间的推移，产业转型升级对经济高质量发展的推动作用在逐渐减弱。从产业转型升级对经济高质量发展不同阶段的影响差异看，在经济高质量发展处于较低水平时，产业转型升级对其的推动作用较大，但随着经济高质量发展水平不断提升时，产业转型升级对其的推动逐渐减小。因此，当前应大力促进产业转型升级，从而能够较大程度地推动经济高质量发展。从产业转型升级的不同阶段对经济高质量发展影响的异质性看，产业转型升级对经济高质量发展始终有积极的推动作用，但其影响程度随着产业转型升级的提升有所减弱。当前，我国产业转型升级水平较低，尤其制造业，而其作为我国国民经济的基础和支柱产业，其自身的转型升级将为国民经济整体的转型升级提供重要支撑。因此，我国应该加大科技创新力度，抓住新一代信息技术革命浪潮的机遇，因地制宜发展新质生产力，大力培育新业态、新模式，推动数字经济赋能全行业各领域加快提升制造业的生产效率和效益，构建领先的技术体系和现代化产业体系，为各产业的创新提供技术平台，支持传统产业大规模技术改造，从而促进经济体系建设现代化和国防现代化，提升经济社会发展的质量。

参考文献
REFERENCES

［1］Acemoglu D, Guerrieri V. Capital Deepening and Non–balanced Economic Growth［J］. Journal of Political Economy, 2008, 116(3): 467–498.

［2］Alder S, Boppart, Müller A. A Theory of Structural Change that Can Fit the Data［J］.American Economic Journal:Macroeconomics, 2022, 14(2): 160–206.

［3］Francisco Alvarez–Cuadrado, Ngo Van Long, Markus Poschke. Capital–labor Substitution，Structural Change and Growth［J］.Theoretical Economics, 2017, 12(3):1229–1266.

［4］Baumol W J, Bowen W G. On the Performing Arts: The Anatomy of Their Economic Problems［J］. The American Economic Review, 1965, 55(1):495–502.

［5］Baumol W J. Macroeconomics of Unbalanced Growth: The Anatomy of Urban Crisis［J］. American Economic Review, 1967, 57(3):415–426.

［6］Baumol W J. Unbalanced Growth Revisited: Asymptotic Stagnancy and New Evidence［J］. The American Economic Review, 1985, 75(4): 806–817.

［7］Baumol W J. Paradox of the services: Exploding Costs, Persistent Demand［M］. London: Edward Elgar Publishing, 2001.

［8］Bell D. The Coming of Post–industrial Society: A Venture in Social Forecasting［M］. New York: Basic Books,1973.

［9］Boppart T. Structural Change and the Kaldor Facts in a Growth Model with Relative Price Effects and Non–Gorman Preferences［J］.Econometrica,

2014,82(6):2167–2196.

［10］Brandt L, Tombe T, Zhu X. Factor Market Distortions across Time, Space and Sectors in China［J］. Review of Economic Dynamics, 2013, 16(1): 39–58.

［11］Buera J, Kaboski P. Can Traditional Theories of Structural Change Fit the Data?［J］.Journal of the European Economic Association, 2009, 77 (2/3): 469–477.

［12］Caner M , Hansen B E. Instrumental Variable Estimation of a Threshold Model［J］. Econometric Theory,2004, 20(5): 813–843.

［13］Chenery H B. Patterns of Industrial Growth［J］.American Economic Review,1960, 50(4):624–654.

［14］Clark C. The Conditions of Economic Progress［M］. London: Macmillan, 1940.

［15］Comin D, Lashkari, Mestieri M. Structural Change with Long–run Income and Price Effects［J］.Econometrica, 2021,89(1):311–374.

［16］Dennis,Benjamin N, Talan B Iscan. Engel Versus Baumol: Accounting for Structural Change Using Two Centuries of U.S. Data［J］. Explorations in Economic History, 2009,46(2):186–202.

［17］Duarte M, Restuccia D. The Role of the Structural Transformation in Aggregate Productivity［J］. The Quarterly Journal of Economics, 2010, 125 (1): 129–173.

［18］Eberhardt M, Teal F. Structural Change and Cross–Country Growth Empirics［J］. The World Bank Economic Review, 2013, 27(2):229–271.

［19］Echevarria C. Changes in Sectoral Composition Associated with Economic Growth［J］.International Economic Review, 1997,38(2):431–452.

［20］Fagerberg J. Technological Progress, Structural Change and Productivity Growth: A Comparative Study［J］. Structural Change and Economic Dynamics, 2000,11(4):393 – 411.

［21］Foellmi R, Zweimuller J. Structural Change, Engel's Consumption Cycles, and Kaldor's Facts of Economic Growth［J］.Journal of Monetary Economics,2008,55(7):1317–1328.

［22］Gollin D, Parente S, Rogerson R. The Role of Agriculture in

Development [J]. American Economic Review,2002,92(2):160–164.

[23] Hansen B E. Inference When a Nuisance Parameter Is Not Identified Under the Null Hypothesis [J]. Econometrica,1996, 64 (2):413–430.

[24] Hansen B E. Sample Splitting and Threshold Estimation [J]. Econometrica, 2000, 68(3) : 575–603.

[25] Hansen B E. Threshold Effects in Non–dynamic Panels: Estimation, Testing and Inference [J]. Journal of Econometrics, 1999 (2): 345–368.

[26] Herrendorf B, Rogerson R, Valentinyi A. Two Perspectives on Preferences and Structural Transformation [J]. American Economic Review, 2013, 103(7):2752–2789.

[27] Kalman R E. A New Approach to Linear Filtering and Prediction Problems [J]. Journal of Basic Engineering, 1960, 82(1):35–45.

[28]Koenker R, Bassett G. Regression Quantiles [J]. Econometrica,1978, 46(1): 33–50.

[29] Koenker R, Bassett G. Robust Tests for Heteroskedasticity Based on Regression Quantiles [J]. Econometrica, 1982,50(1): 43–62.

[30] Kongsamut P, Rebelos, Xie D. Beyond Balanced Growth [J].Review of Economic Studies, 2001,68(4):869–882.

[31] Kuznets S. Modern Economic Growth: Findings and Reflections [J]. American Economic Review,1973,63(3):829–846.

[32] Lewis W, Arthur. Economic Development with Unlimited Supplies of Labour [J].The Manchester School, 1954,22(2):139–191.

[33] Matsuyama K. Structural Change in an Interdependent World: A Global View of Manufacturing Decline [J]. Journal of the European Economic Association, 2009,7(2/3):478–486.

[34] Moro A. Structural Change, Growth, and Volatility [J]. American Economic Journal: Macroeconomics, 2015, 7(3):259–294.

[35] Ngai L R, Pissarides C A. Structural Change in a Multi–sector Model of Growth [J]. American Economic Review, 2007, 97(1):429–443.

[36] Pavitt K. Sectoral Patterns of Technical Change: Towards a Taxonomy and a Theory [J]. Research Policy, 1984,13(6):343–373.

[37] Peneder M. Industrial Structure and Aggregate Growth [J]. Structural

Change and Economic Dynamics,2003, 14(4):427–448.

[38] Pieper U. Deindustrialization and the Social and Economics Sustainability Nexus in Developing Countries: Cross–Country Evidence on Productivity and Employment [J].The Journal of Development Studies, 2000, 36(4):66–99.

[39] Rostow W W. The Stages of Economic Growth: A Non–Communist Manifesto [M]. Cambridge: Cambridge University Press,1960.

[40] Shestalova V. Sequential Malmquist Indices of Productivity Growth: An Application to OECD Industrial Activities [J]. Journal of Productivity Analysis, 2003, 19(2): 211–226.

[41] Solow R M. Technical Change and the Aggregate Production Function [J]. The Review of Economics and Statistics,1957, 39(3):312–320.

[42] Uy Timothy，Kei–Mu Yi, and zhang J. Structural Change in an Open Economy [J]. Journal of Monetary Economics,2013,60(6):667–682.

[43] 白雪洁，宋培，李琳 . 数字经济如何平衡“稳增长调结构”目标——基于地区—行业层面的分析 [J]. 南开经济研究，2022（7）：3–22.

[44] 蔡跃洲，付一夫 . 全要素生产率增长中的技术效应与结构效应——基于中国宏观和产业数据的测算及分解 [J]. 经济研究，2017（1）：72–88.

[45] 蔡跃洲 . 数字经济的增加值及贡献度测算：历史沿革、理论基础与方法框架 [J]. 求是学刊，2018（5）：65–72.

[46] 钞小静，惠康 . 中国经济增长质量的测度 [J]. 数量经济技术经济研究，2009（6）：75–86.

[47] 陈佳贵，黄群慧，钟宏武 . 中国地区工业化进程的综合评价和特征分析 [J]. 经济研究，2006（6）：4–15.

[48] 陈强强，邴芳，窦学诚，等 . 甘肃省产业转型升级测度及其经济效应 [J]. 干旱区地理，2016（6）：1365–1372.

[49] 陈子曦，青梅 . 中国城市群高质量发展水平测度及其时空收敛性研究 [J]. 数量经济技术经济研究，2022（6）：42–61.

[50] 方敏，杨虎涛 . 政治经济学视域下的新质生产力及其形成发展 [J]. 经济研究，2024（3）：20–28.

[51] 费洪平 . 当前我国产业转型升级的方向及路径 [J]. 宏观经济研

究，2017（2）：3–8+38.

［52］干春晖，王强.改革开放以来中国产业结构变迁：回顾与展望［J］.经济与管理研究，2018（8）：3–14.

［53］干春晖，郑若谷，余典范.中国产业结构变迁对经济增长和波动的影响［J］.经济研究，2011（5）：4–16.

［54］高培勇，袁富华，胡怀国，等.高质量发展的动力、机制与治理［J］.经济研究，2020（4）：4–17.

［55］高铁梅.计量经济分析方法与建模［M］.北京：清华大学出版社，2009.

［56］龚唯平，赵今朝.协调指数：产业结构优化效果的测度［J］.暨南学报（哲学社会科学版），2010（2）：50–57.

［57］郭凯明，杭静，颜色.中国改革开放以来产业结构转型的影响因素［J］.经济研究，2017（3）：32–46.

［58］郭凯明，潘珊，颜色.新型基础设施投资与产业结构转型升级［J］.中国工业经济，2020（3）：63–80.

［59］郭凯明.人工智能发展、产业结构转型升级与劳动收入份额变动［J］.管理世界，2019（7）：60–79.

［60］郭克莎.中国产业结构调整升级趋势与“十四五”时期政策思路［J］.中国工业经济，2019（7）：24–42.

［61］韩文龙，张瑞生，赵峰.新质生产力水平测算与中国经济增长新动能［J］.数量经济技术经济研究，2024（6）：5–25.

［62］韩英，马立平.京津冀产业结构变迁中的全要素生产率研究［J］.数量经济技术经济研究，2019（6）：62–78.

［63］韩英，马立平.中国高质量发展阶段下的产业结构变迁与经济增长研究——基于结构—效率—速度的逻辑框架［J］.经济与管理研究，2020（12）：28–41.

［64］韩永辉，黄亮雄，王贤彬.产业结构优化升级改进生态效率了吗?［J］.数量经济技术经济研究，2016（4）：40–59.

［65］何平，陈丹丹，贾喜越.产业结构优化研究［J］.统计研究，2014（7）：32–37.

［66］洪银兴.改革开放以来发展理念和相应的经济发展理论的演进——兼论高质量发展的理论渊源［J］.经济学动态，2019（8）：10–21.

[67] 洪银兴. 新质生产力及其培育和发展 [J]. 经济学动态，2024（1）：3–11.

[68] 胡晓鹏. 中国经济增长与产业结构变动的联动效应探析 [J]. 产业经济研究，2003（6）：33–40.

[69] 黄亮雄，安苑，刘淑琳. 中国的产业结构调整：基于三个维度的测算 [J]. 中国工业经济，2013（10）：70–82.

[70] 康铁祥. 中国数字经济规模测算研究 [J]. 当代财经，2008（3）：118–121.

[71] 科林·克拉克. 经济进步的条件 [M]. 张旭昆，夏晴，等译. 北京：中国人民大学出版社，2020.

[72] 匡远配，唐文婷. 中国产业结构优化度的时序演变和区域差异分析 [J]. 经济学家，2015（9）：40–47.

[73] 李博，胡进. 中国产业结构优化升级的测度和比较分析 [J]. 管理科学，2008（2）：86–93.

[74] 李钢，廖建辉，向奕霓. 中国产业升级的方向与路径——中国第二产业占 GDP 的比例过高了吗？[J]. 中国工业经济，2011（10）：16–26.

[75] 李钢. 服务业能成为中国经济的动力产业吗？[J]. 中国工业经济，2013（4）：43–55.

[76] 李虹，邹庆. 环境规制、资源禀赋与城市产业转型研究——基于资源型城市与非资源型城市的对比分析 [J]. 经济研究，2018（11）：182–198.

[77] 李金昌，史龙梅，徐蔼婷. 高质量发展评价指标体系探讨 [J]. 统计研究，2019（1）：5–11.

[78] 李梦欣，任保平. 新时代中国高质量发展的综合评价及其路径选择 [J]. 财经科学，2018（5）：26–41.

[79] 李玉梅. 中国产业结构变迁中"逆库兹涅茨化"效应测量及分析 [J]. 数量经济技术经济研究，2017（11）：98–114.

[80] 刘瑞翔，安同良. 资源环境约束下中国经济增长绩效变化趋势与因素分析——基于一种新型生产率指数构建与分解方法的研究 [J]. 经济研究，2012（11）：34–47.

[81] 刘瑞翔. 中国的增加值率为什么会出现下降？——基于非竞争型投入产出框架的视角 [J]. 南方经济，2011（9）：30–43.

[82] 刘维刚，倪红福．制造业投入服务化与企业技术进步：效应及作用机制 [J]. 财贸经济，2018（8）：126–141.

[83] 刘伟，张辉，黄泽华．中国产业结构高度与工业化进程和地区差异的考察 [J]. 经济学动态，2008（11）：4–8.

[84] 刘伟，张立元．资源配置、产业结构与全要素生产率：基于真实经济周期模型的分析 [J]. 经济理论与经济管理，2018（9）：5–22.

[85] 刘伟．科学认识与切实发展新质生产力 [J]. 经济研究，2024（3）：4–11.

[86] 刘亚雪，田成诗，程立燕．世界经济高质量发展水平的测度及比较 [J]. 经济学家，2020（5）：69–80.

[87] 刘征驰，陈文武，李慧子．数字资本积累与产业结构转型：中国1981—2020 [J]. 财贸经济，2024（3）：164–180.

[88] 吕健．产业结构调整、结构性减速与经济增长分化 [J]. 中国工业经济，2012（9）：31–43.

[89] 马洪福，郝寿义．产业转型升级水平测度及其对劳动生产率的影响——以长江中游城市群 26 个城市为例 [J]. 经济地理，2017（10）：116–125.

[90] 马茹，罗晖，王宏伟，等．中国区域经济高质量发展评价指标体系及测度研究 [J]. 中国软科学，2019（7）：60–70.

[91] 孟捷，韩文龙．新质生产力论：一个历史唯物主义的阐释 [J]. 经济研究，2024（3）：29–33.

[92] 聂猛．基于增加值率的中国制造业效率研究 [D]. 大连：东北财经大学，2016.

[93] 聂长飞，简新华．中国高质量发展的测度及省际现状的分析比较 [J]. 数量经济技术经济研究，2020（2）：26–48.

[94] 綦良群，高文鞠．区域产业融合与装备制造业绩效提升 [J]. 中国科技论坛，2019（10）：59–70.

[95] 任保平，李禹墨．新时代我国高质量发展评判体系的构建及其转型路径 [J]. 陕西师范大学学报（哲学社会科学版），2018（3）：105–113.

[96] 任保平．经济增长质量：经济增长理论框架的扩展 [J]. 经济学动态，2013（11）：45–51.

[97] 任保平．生产力现代化转型形成新质生产力的逻辑 [J]. 经济研究，2024（3）：12–19.

[98] 任保平. 新时代中国高质量发展的判断标准、决定因素与实现途径 [J]. 改革，2018（4）：5–11.

[99] 任保平. 新时代中国经济从高速增长转向高质量发展：理论阐释与实践取向 [J]. 学术月刊，2018（3）：66–76.

[100] 史丹，李鹏. 我国经济高质量发展测度与国际比较 [J]. 东南学术，2019（5）：169–180.

[101] 史丹. 数字经济条件下产业发展趋势的演变 [J]. 中国工业经济，2022（11）：26–42.

[102] 宋建，郑江淮. 产业结构、经济增长与服务业成本病——来自中国的经验证据 [J]. 产业经济研究，2017（2）：1–13.

[103] 单豪杰. 中国资本存量 K 的再估算：1952—2006 年 [J]. 数量经济技术经济研究，2008（10）：17–31.

[104] 宋锦剑. 论产业结构优化升级的测度问题 [J]. 当代经济科学，2000（3）：92–97.

[105] 宋文月，任保平. 改革开放 40 年我国产业政策的历史回顾与优化调整 [J]. 改革，2018（12）：42–54.

[106] 苏东水. 产业经济学 [M]. 北京：高等教育出版社 ,2010.

[107] 孙湘湘，周小亮. 服务业结构变迁与经济增长效率 [J]. 经济与管理研究，2018（8）：53–64.

[108] 孙晓华，刘小玲，翟钰. 地区产业结构优度的测算及应用 [J]. 统计研究，2017（12）：49–64.

[109] 田秋生. 高质量发展的理论内涵和实践要求 [J]. 山东大学学报，2018（6）：1–8.

[110] 田秀娟，李睿. 数字技术赋能实体经济转型发展——基于熊彼特内生增长理论的分析框架[J]. 管理世界，2022（5）：56–74.

[111] 田银华，贺胜兵，胡石其. 环境约束下地区全要素生产率增长的再估算：1998—2008 [J]. 中国工业经济，2011（1）：47–57.

[112] 汪芳，潘毛毛. 产业融合、绩效提升与制造业成长——基于 1998—2011 年面板数据的实证 [J]. 科学学研究，2015（4）：530–538.

[113] 王家庭，李艳旭，马洪福，等. 中国制造业劳动生产率增长动能转换：资本驱动还是技术驱动 [J]. 中国工业经济，2019（5）：99–118.

[114] 王金照，王金石. 工业增加值率的国际比较及启示 [J]. 经济纵

横，2012（8）：30–35.

［115］王珏，王荣基．新质生产力：指标构建与时空演进［J］.西安财经大学学报，2024（1）：34–50.

［116］王恕立，滕泽伟，刘军．中国服务业生产率变动的差异分析——基于区域及行业视角［J］.经济研究，2015（8）：73–84.

［117］王晓慧．中国经济高质量发展研究［D］.长春：吉林大学，2019.

［118］魏敏，李书昊．新常态下中国经济增长质量的评价体系构建与测度［J］.经济学家，2018（4）：19–26.

［119］魏敏，李书昊．新时代中国经济高质量发展水平的测度研究［J］.数量经济技术经济研究，2018（11）：3–11.

［120］邬义钧．我国产业结构优化升级的目标和效益评价方法［J］.中南财经政法大学学报，2006（6）：73–77.

［121］吴涵，郭凯明．双循环视角下要素市场化配置、产业结构转型与劳动生产率增长［J］.经济研究，2023（9）：61–78.

［122］吴志军，梁晴．中国经济高质量发展的测度、比较与战略路径［J］.当代财经，2020（4）：17–27.

［123］肖兴志，彭宜钟，李少林．中国最优产业结构：理论模型与定量测算［J］.经济学（季刊），2012（1）：135–162.

［124］徐朝阳，白艳，王韡．要素市场化改革与供需结构错配［J］.经济研究，2020（2）：20–36.

［125］徐朝阳．工业化与后工业化："倒U型"产业结构变迁［J］.世界经济，2010（12）：67–88.

［126］徐朝阳，王韡．部门异质性替代弹性与产业结构变迁［J］.经济研究，2021（4）：77–92.

［127］徐朝阳，张斌．经济结构转型期的内需扩展：基于服务业供给抑制的视角［J］.中国社会科学，2020（1）：64–84.

［128］许宪春，张美慧．中国数字经济规模测算研究——基于国际比较的视角［J］.中国工业经济，2020（5）：23–42.

［129］薛白．基于产业结构优化的经济增长方式转变——作用机理及其测度［J］.管理科学，2009（5）：112–120.

［130］颜色，郭凯明，杭静．需求结构变迁、产业结构转型和生产率提高［J］.经济研究，2018（12）：83–96.

[131] 杨丽君，邵军．中国区域产业结构优化的再估算［J］. 数量经济技术经济研究，2018（10）：59–77.

[132] 杨骞，秦文晋．中国产业结构优化升级的空间非均衡及收敛性研究［J］. 数量经济技术经济研究，2018（11）：58–76.

[133] 叶初升，李慧．以发展看经济增长质量：概念、测度方法与实证分析——一种发展经济学的微观视角［J］. 经济理论与经济管理，2014（12）：17–34.

[134] 于斌斌．产业结构调整与生产率提升的经济增长效应——基于中国城市动态空间面板模型的分析［J］. 中国工业经济，2015（12）：83–98.

[135] 余泳泽，杨晓章，张少辉．中国经济由高速增长向高质量发展的时空转换特征研究［J］. 数量经济技术经济研究，2019（6）：3–21.

[136] 袁富华．长期增长过程的“结构性加速”与“结构性减速”：一种解释［J］. 经济研究，2012（3）：127–140.

[137] 詹新宇，崔培培．中国省际经济增长质量的测度与评价——基于“五大发展理念”的实证分析［J］. 财政研究，2016（8）：39，40–53.

[138] 张继海，李发毅．经济增长质量辨析与评价［J］. 中国社会科学院研究生院学报，2014（6）：50–55.

[139] 张建华，程文．服务业供给侧结构性改革与跨越中等收入陷阱［J］. 中国社会科学，2019（3）：39–61.

[140] 张建华，赵英，刘慧玲．国内国际双循环视角下中国产业结构转型升级研究［J］. 经济研究，2023（9）：42–60.

[141] 张军扩，侯永志，刘培林，等．高质量发展的目标要求和战略路径［J］. 管理世界，2019（7）：1–8.

[142] 张涛．高质量发展的理论阐释及测度方法研究［J］. 数量经济技术经济研究，2020（5）：23–43.

[143] 张亚明，胡泽明，姜靖．首都经济圈产业结构升级测度［J］. 中国科技论坛，2015（10）：98–103.

[144] 张永恒，王家庭．高质量发展下中国产业转型升级方向研究——基于中美两国数据的对比［J］. 科技进步与对策，2019（23）：53–62.

[145] 张占斌，毕照卿．经济高质量发展［J］. 经济研究，2022（4）：21–32.

[146] 张震，刘雪梦．新时代我国 15 个副省级城市经济高质量发展评价体系构建与测度 [J]. 经济问题探索，2019（6）：20–33.

[147] 赵昌文，许召元，朱鸿鸣．工业化后期的中国经济增长新动力 [J]. 中国工业经济，2015（6）：44–54.

[148] 中国社会科学院经济研究所课题组．结构变迁、效率变革与发展新质生产力 [J]. 经济研究，2024（4）：4–23.

[149] 周大鹏．制造业服务化对产业转型升级的影响 [J]. 世界经济研究，2013（9）：17–25.

[150] 周天勇，张弥．全球产业结构调整新变化与中国产业发展战略 [J]. 财经问题研究，2012（2）：21–25.

[151] 朱富显，李瑞雪，徐晓莉，等．中国新质生产力指标构建与时空演进 [J]. 工业技术经济，2024（3）：44–53.

[152] 朱民，张龙梅，彭道菊．中国产业结构转型与潜在经济增长率 [J]. 中国社会科学，2020（1）：149–171.

附录
APPENDIX

相关测算结果表

附表 1　2005~2022 年中国三次产业产值比重　　单位：%

年份	第一产业	第二产业	第三产业	生产性服务业	生活性服务业	公共服务业
2005	12.2368	47.6835	40.0796	45.8121	43.7311	10.4567
2006	11.3437	48.6789	39.9774	46.8896	43.0199	10.0905
2007	11.1257	48.5022	40.3721	48.3906	42.2219	9.3875
2008	10.7316	47.4465	41.8220	47.0368	41.5050	11.4582
2009	10.3332	46.2415	43.4253	45.9772	42.7810	11.2418
2010	10.0952	46.6693	43.2355	46.2509	43.4019	10.3472
2011	10.0372	46.5887	43.3742	46.4252	43.8060	9.7687
2012	10.0821	45.2696	44.6482	46.6222	43.6674	9.7104
2013	9.5715	44.2229	46.2056	48.5211	42.4804	8.9986
2014	9.3429	43.2839	47.3733	49.1178	42.0379	8.8443
2015	9.1302	41.0902	49.7796	49.7339	41.3816	8.8845
2016	8.8726	40.0197	51.1076	48.8907	41.9266	9.1827
2017	7.8781	40.6507	51.4712	48.5006	42.1287	9.3707
2018	7.5016	40.7602	51.7381	48.2180	42.3752	9.4067
2019	7.4583	38.7735	53.7682	48.1111	41.7741	10.1147
2020	8.0307	38.0190	53.9503	48.8498	41.0693	10.0810
2021	7.5698	39.4424	52.9878	49.9158	40.8350	9.2492
2022	7.6845	39.4953	52.8202	50.3989	40.1039	9.4972

附表 2　2005~2020 年中国制造业各细分行业的产值比重　　单位：%

制造业类型	2005	2007	2010	2012	2015	2017	2020
供应商主导型	26.6287	26.5384	25.4865	26.2750	26.1922	26.6043	24.6230
规模经济型	25.1931	26.4047	25.1913	26.9280	25.8480	29.3265	30.4676
专业制造型	23.0648	23.6770	26.7815	23.8744	24.0796	23.6089	23.9665
科技主导型	25.1134	23.3799	22.5407	22.9225	23.8802	20.4604	20.2079

附表 3　2005~2022 年中国生产性服务业、生活性服务业和公共服务业的产值比重　　单位：%

年份	生产性服务业	生活性服务业	公共服务业
2005	45.8121	43.7311	10.4567
2006	46.8896	43.0199	10.0905
2007	48.3906	42.2219	9.3875
2008	47.0368	41.5050	11.4582
2009	45.9772	42.7810	11.2418
2010	46.2509	43.4019	10.3472
2011	46.4252	43.8060	9.7687
2012	46.6222	43.6674	9.7104
2013	48.5211	42.4804	8.9986
2014	49.1178	42.0379	8.8443
2015	49.7339	41.3816	8.8845
2016	48.8907	41.9266	9.1827
2017	48.5006	42.1287	9.3707
2018	48.2180	42.3752	9.4067
2019	48.1111	41.7741	10.1147
2020	48.8498	41.0693	10.0810
2021	49.9158	40.8350	9.2492
2022	50.3989	40.1039	9.4972

附表 4 2005~2022 年中国生产性服务业和生活性服务业细分行业的产值比重

单位：%

产业类型	年份	批发	交通、仓储和邮政	信息、软件和技术	金融业	租赁和商务	科学和技术	
生产性服务业	2005	20.1160	32.2096	14.1731	18.7486	8.6574	6.0954	—
	2006	19.4725	31.4184	13.4151	21.3724	8.2566	6.0650	—
	2007	18.7655	29.4539	11.9354	26.5218	7.5030	5.8205	—
	2008	21.1906	26.4859	12.7224	24.0591	9.0780	6.4640	—
	2009	21.2922	24.5756	11.9943	26.1042	9.0965	6.9372	—
	2010	22.2607	23.8290	11.0623	26.1311	9.6961	7.0207	—
	2011	22.8018	23.5473	10.2662	26.1983	9.8745	7.3119	—
	2012	22.8397	22.8053	10.1487	26.5624	10.0226	7.6213	—
	2013	21.0880	19.5149	10.2882	30.8661	9.9925	8.2504	—
	2014	20.8294	19.0203	10.6374	31.1424	10.1947	8.1756	—
	2015	19.3992	17.8719	10.8717	33.9248	10.0307	7.9017	—
	2016	19.1849	17.7928	11.7864	32.8967	10.4862	7.8530	—
	2017	18.9510	18.1425	12.1245	31.9168	10.7870	8.0782	—
	2018	18.7445	18.0543	13.2789	30.7656	11.0091	8.1475	—
	2019	18.7406	16.6406	13.0847	29.8792	12.7894	8.8654	—
	2020	17.9855	15.1927	14.3171	31.3032	12.1546	9.0469	—
	2021	18.1184	15.9308	14.6433	29.7103	12.3318	9.2655	—
	2022	18.1309	15.9263	14.8917	29.0874	12.5410	9.4227	—
产业类型	年份	零售	住宿和餐饮	房地产业	居民服务	教育	卫生和社会	文体娱
生活性服务业	2005	21.0733	13.0584	25.6713	9.7451	17.6138	9.1380	3.7002
	2006	21.2241	13.1482	26.5153	9.7169	16.9534	8.8062	3.6360
	2007	21.5072	12.6474	27.9925	9.1150	16.6126	8.6742	3.4511
	2008	24.0149	12.1368	27.0372	8.4899	16.3035	8.4912	3.5265
	2009	22.8829	11.2395	29.4556	8.3236	16.5505	8.0253	3.5227
	2010	23.7219	10.7089	30.2373	8.0985	15.9828	7.9380	3.3125
	2011	24.1652	10.2042	29.7956	8.0991	16.0519	8.3388	3.3452
	2012	24.3851	10.3320	28.9887	7.9380	16.0770	8.8761	3.4031
	2013	24.0867	8.7544	30.8017	7.3822	16.2204	9.4443	3.3104

续表

产业类型	年份	零售	住宿和餐饮	房地产业	居民服务	教育	卫生和社会	文体娱
生活性服务业	2014	24.3375	8.7009	29.6312	7.5685	16.4995	9.9294	3.3331
	2015	23.3147	8.5624	29.3789	7.6471	17.0866	10.5361	3.4741
	2016	22.3716	8.3838	30.2454	8.0289	16.8015	10.7272	3.4417
	2017	21.8173	8.2540	30.3220	8.1540	17.0632	10.8943	3.4952
	2018	21.3291	8.1178	30.3196	8.4158	17.1232	10.8899	3.8047
	2019	21.5835	8.0796	31.7916	7.6646	17.1196	10.0886	3.6726
	2020	21.3928	6.8063	32.6951	7.2818	17.8523	10.8632	3.1086
	2021	22.1475	7.2494	31.0519	7.4217	17.6482	11.0648	3.4164
	2022	22.7852	6.9574	28.9056	7.7596	18.4517	11.5686	3.5719

附表 5　2005~2022 年中国三次产业及其内部产业的劳动生产率

单位：万元 / 人

年份	第一产业	第二产业	第三产业	制造业	生产性服务业	生活性服务业	公共服务业
2005	0.6704	4.9175	3.1329	5.2131	4.7363	2.9750	1.3856
2006	0.7526	5.4600	3.5092	5.8168	5.4351	3.2865	1.4883
2007	0.9315	6.1824	4.2567	6.6951	6.7438	3.9347	1.6804
2008	1.1263	7.2497	5.2354	7.7775	7.9422	4.8117	2.5168
2009	1.2193	7.4781	5.7253	8.2740	8.4365	5.4666	2.6825
2010	1.4512	8.5790	6.5926	9.4773	9.7521	6.3793	2.8566
2011	1.7856	9.7770	7.5216	11.0446	11.1243	7.2682	3.1567
2012	2.0321	10.1184	8.3761	11.8043	12.4623	8.0696	3.4850
2013	2.3571	11.3610	9.2805	13.7653	13.0433	8.9147	3.9294
2014	2.6400	12.0671	9.7268	14.8027	13.7583	9.2695	4.0649
2015	2.8702	12.4767	10.4451	15.4977	14.8787	9.8643	4.3634
2016	3.0692	13.3146	11.2578	16.6472	15.5815	10.8760	4.8584
2017	3.0873	15.2878	12.1144	19.2916	16.5557	11.8644	5.2814
2018	3.3339	17.1561	12.9613	22.6380	17.8141	12.8348	5.5108
2019	3.9447	18.0139	14.9161	22.2145	20.2646	14.6103	6.8771
2020	4.5948	17.8874	15.2718	21.7425	21.1120	14.5679	7.1243
2021	5.0958	20.8772	16.9777	24.8604	24.0502	16.0327	7.2966
2022	5.2413	22.5449	18.4003	26.6190	26.3824	17.0914	8.0626

附表 6 2005~2022 年中国生产性服务业各细分产业的劳动生产率

单位：万元 / 人

年份	批发	交通、仓储和邮政	信息、软件和技术	金融业	租赁和商务	科学和技术
2005	6.3804	4.5265	9.3985	4.5018	2.3095	1.2082
2006	7.5866	5.1514	9.7517	5.8440	2.5872	1.2769
2007	9.5221	6.0793	10.2196	8.7526	3.0754	1.4615
2008	13.0433	6.6843	12.6277	9.1208	3.9819	1.6437
2009	14.3533	6.8001	12.1143	10.2056	4.4671	1.8561
2010	17.5013	7.9423	12.5238	11.6924	5.0523	2.0970
2011	17.9400	9.0494	12.2885	13.2064	6.2394	2.3678
2012	19.1703	10.2059	13.6070	15.0337	6.8843	2.7255
2013	18.3196	8.9232	12.1626	22.2030	8.2319	3.4188
2014	19.7741	9.3134	13.3415	23.1954	8.4519	3.6325
2015	20.5038	9.7642	14.5038	26.0975	8.9832	3.8566
2016	22.0306	10.5227	16.2633	24.8454	9.4025	4.2664
2017	24.5139	11.7188	16.7148	25.2581	10.4743	4.7813
2018	26.7300	12.9405	18.3714	25.8259	11.6227	5.3962
2019	33.0044	14.9136	21.0041	26.4346	14.9192	6.8656
2020	34.9990	14.3217	22.5040	27.9010	16.0636	6.8425
2021	40.0503	17.5941	24.8594	31.9945	18.1447	6.9488
2022	44.2429	19.6595	26.9622	37.6824	19.8076	7.6514

附表 7 2005~2020 年中国三次产业及内部产业的附加值率

年份	第一产业	第二产业	第三产业	制造业	生产性服务业	生活性服务业	公共服务业
2005	0.5848	0.2471	0.5063	0.2251	0.4719	0.5439	0.5214
2007	0.5862	0.2329	0.5348	0.2138	0.531	0.537	0.5449
2010	0.5847	0.2217	0.5508	0.1969	0.5072	0.5913	0.6093
2012	0.5855	0.2293	0.5365	0.204	0.4772	0.6145	0.5693
2015	0.5876	0.2076	0.5312	0.1948	0.4773	0.6019	0.5781
2017	0.5944	0.2455	0.5365	0.2267	0.4895	0.5967	0.5797
2020	0.6171	0.2511	0.5273	0.2314	0.4825	0.592	0.5628

附表 8 2005~2020 年中国制造业内部各类型产业的附加值率

制造业分类	2005 年	2007 年	2010 年	2012 年	2015 年	2017 年	2020 年
供应商主导型	0.2387	0.2176	0.1984	0.2144	0.2202	0.2216	0.2265
规模经济型	0.2288	0.2183	0.1927	0.2061	0.1734	0.2404	0.2531
专业制造型	0.2228	0.2029	0.1912	0.1967	0.2044	0.2181	0.2118
科技主导型	0.1928	0.1880	0.1786	0.1842	0.1791	0.2038	0.2004

附表 9 2005~2020 年中国生产性服务业和生活性服务业的附加值率

属类	产业名称	2005 年	2007 年	2010 年	2012 年	2015 年	2017 年	2020 年
生产性服务业	批发	0.6999	0.6011	0.7102	0.6906	0.6290	0.6649	0.6270
	交通、仓储和邮政	0.4315	0.4620	0.3944	0.3701	0.3744	0.4530	0.6488
	信息、软件和技术	0.4792	0.6003	0.5266	0.4704	0.4842	0.5224	0.3369
	金融业	0.6146	0.6895	0.6498	0.5963	0.6558	0.5727	0.4641
	租赁和商务	0.2820	0.3231	0.3576	0.3260	0.2833	0.3275	0.7216
	科学和技术	0.3439	0.5134	0.4669	0.3680	0.3587	0.4008	0.3309
生活性服务业	零售	0.6999	0.6011	0.7102	0.6906	0.6290	0.6649	0.6488
	住宿和餐饮	0.3738	0.3757	0.3723	0.4087	0.4069	0.3615	0.3809
	房地产业	0.8043	0.8338	0.7563	0.7456	0.7163	0.7455	0.6802
	居民服务	0.4742	0.4589	0.5124	0.5188	0.5382	0.5226	0.4026
	教育	0.6194	0.5595	0.7428	0.7341	0.7794	0.7127	0.5237
	卫生和社会	0.3110	0.3432	0.3585	0.4321	0.4413	0.4078	0.7010
	文体娱	0.4345	0.4299	0.5062	0.5040	0.5075	0.5176	0.4164

附表 10 2005~2020 年中国三次产业间的融合度

年份	$f_{1\text{-}2}$	$f_{1\text{-}3}$	$f_{2\text{-}3}$	$f_{1\text{-}2\text{-}3}$
2005	0.2860	0.0897	0.3627	0.2461
2007	0.2842	0.1051	0.3294	0.2396
2010	0.2917	0.0932	0.3289	0.2379
2012	0.3067	0.0807	0.2889	0.2254
2015	0.3223	0.0626	0.2857	0.2235
2017	0.2785	0.1232	0.2773	0.2263
2020	0.1913	0.0452	0.1658	0.4023

附表 11　2005~2020 年按服务性质分中国制造业服务化和农业服务化

产业	产业服务化类型	2005 年	2007 年	2010 年	2012 年	2015 年	2017 年	2020 年
制造业服务化	批发零售服务化	0.0285	0.0258	0.0274	0.0394	0.0460	0.0596	0.0689
	交通运输服务化	0.0402	0.0284	0.0319	0.0331	0.0344	0.0400	0.0392
	信息技术服务化	0.0113	0.0050	0.0048	0.0021	0.0032	0.0050	0.0071
	金融服务化	0.0110	0.0153	0.0174	0.0239	0.0276	0.0188	0.0192
	商务服务化	0.0214	0.0101	0.0130	0.0143	0.0213	0.0218	0.0244
	科学技术服务化	0.0034	0.0064	0.0085	0.0099	0.0097	0.0061	0.0065
农业服务化	批发零售服务化	0.0269	0.0504	0.0035	0.0248	0.0057	0.0182	0.0636
	交通运输服务化	0.0357	0.0394	0.0086	0.0201	0.0035	0.0189	0.0500
	信息技术服务化	0.0331	0.0460	0.0078	0.0192	0.0035	0.0222	0.0047
	金融服务化	0.0356	0.0293	0.0024	0.0298	0.0008	0.0139	0.0309
	商务服务化	0.0280	0.0264	0.0023	0.0247	0.0009	0.0125	0.0061
	科学技术服务化	0.0530	0.0560	0.0036	0.0325	0.0060	0.0176	0.0160

附表 12　2005~2022 年中国发展动力和发展方式分项指数

年份	科技创新	产业创新	生产方式	生活方式
2005	0.0060	0.0684	0.0012	0.0200
2006	0.0081	0.0484	0.0040	0.0182
2007	0.0089	0.0230	0.0101	0.0232
2008	0.0137	0.0140	0.0198	0.0286
2009	0.0304	0.0165	0.0229	0.0286
2010	0.0312	0.0207	0.0296	0.0304
2011	0.0358	0.0140	0.0263	0.0307
2012	0.0438	0.0168	0.0351	0.0324
2013	0.0497	0.0239	0.0400	0.0333
2014	0.0546	0.0304	0.0496	0.0338
2015	0.0686	0.0521	0.0578	0.0329
2016	0.0818	0.0587	0.0659	0.0319
2017	0.0962	0.0594	0.0713	0.0309
2018	0.1139	0.0771	0.0774	0.0300
2019	0.1285	0.0824	0.0828	0.0297
2020	0.1550	0.0975	0.0859	0.0229
2021	0.1747	0.0917	0.0921	0.0246
2022	0.1999	0.0964	0.0963	0.0199

附表 13　2005~2022 年中国发展成果和发展环境分项指数

年份	收入分配	公共服务	经济安全	社会安全
2005	0.0040	0.0113	0.0446	0.0603
2006	0.0025	0.0145	0.0382	0.0628
2007	0.0039	0.0239	0.0337	0.0614
2008	0.0035	0.0351	0.0539	0.0548
2009	0.0076	0.0480	0.0481	0.0550
2010	0.0164	0.0607	0.0550	0.0702
2011	0.0203	0.0812	0.0753	0.0726
2012	0.0237	0.1017	0.0766	0.0876
2013	0.0260	0.1167	0.0740	0.0621
2014	0.0299	0.1270	0.0759	0.0703
2015	0.0356	0.1398	0.0569	0.0735
2016	0.0333	0.1561	0.0483	0.0754
2017	0.0316	0.1723	0.0551	0.0821
2018	0.0315	0.1858	0.0562	0.0869
2019	0.0336	0.1958	0.0569	0.0968
2020	0.0323	0.2048	0.0328	0.0904
2021	0.0339	0.2233	0.0497	0.0999
2022	0.0337	0.2360	0.0552	0.0931